HAP Grieshaber · Malbriefe an Margarete

HAP Grieshaber
Malbriefe
an Margarete

Mit einem Vorwort
von Margarete Hannsmann
und einem Nachwort
von Wolf Schön

Deutsche Verlags-Anstalt Stuttgart

VORWORT

Gezählt habe ich meine Malbriefe nicht. Einmal sagte Grieshaber: »Es mögen wohl an die Zehntausend sein, die von der Achalm in die Welt geflattert sind. Augenblickseinfälle, zweckfrei, statt eines Skizzenbuchs, das Ansprüche stellt.« Der Zweck stellte sich beim Empfänger ein: Freude. Herzklopfen. Jahre später ein leises Bedauern: »Die Malbriefe sind ein selbständiges Œuvre neben den Holzschnitten.« War die Wasserfarben-Vergänglichkeit, die Verstreuung von Unikaten sein Preis für die Dauer von Auflagendrucken? Immer hat er ein Glück gesucht, das gleichzeitig ein Stachel im Fleisch war. Meinen ersten Brief gab Grieshaber mir, geschmückt mit Bleistiftblumen, nebst etlichen anderen Briefen zurück, bevor er starb. Also stelle ich ihn an den Anfang, nicht ohne Widerstreben.

Beginn der Malbriefe an mich, ihre Entwicklung, standen unter einem besonderen Stern: Johannes Poethen und ich kamen aus Griechenland, wo wir den Ausbruch der Militärdiktatur miterlebt hatten, auf die Achalm; Poethen wissend, ich ahnungslos, wem wir gegenüberstanden: Grieshaber vereinigte sofort uns drei für einen ENGEL DER GESCHICHTE, seiner Zeitschrift, in der Kunst und Literatur, unregelmäßig, dem Anlaß entsprechend, mit jeder Nummer eine Aufgabe erfüllen sollten. Die anfänglichen Malbriefe zeigen, wie aus dem Einfachsten etwas höchst Kompliziertes wurde: Grieshaber, vom coup de foudre (wie er es nannte) getroffen und der hohe Ernst des ENGEL-Auftrags befanden sich im Widerstreit, daher die gedrängte, variierte, vermischte, verwischte Mythensprache: Verschlüsselung, Beschwörung, Werbung, Abwehr, Camouflage. Grieshaber beherrschte das Einmaleins des Partisanen. Erschwerend die wachsende Freundschaft mit Poethen. Nahezu alles hatte doppelte Böden; beide Männer, im griechischen Kosmos zu Hause, spielten mit den Metaphern, was ich erst mühsam lernen mußte. Es war nur ein kleiner Schritt von den griechischen Arbeitern der Glasfabrik in Porz am Rhein, die Grieshaber Kapitän nannten, während er sein »attisches Ungeziefer« auf riesige Schwimmbad-Glasfenster malte, die sofort gebrannt werden mußten, bis zum Kapitän Gris, einer Schattenspielfigur des griechischen Widerstands gegen die Türkenherrschaft, und weiter zurück, zu Kapitän Odysseus, der uns zu seinen Schiffsleuten ernannte, Steuermann und Maat. Manchmal klingelte der Eilbriefträger dreimal am Tag. Noch immer hielt das Sie in der Anrede die Balance konsequent aufrecht.

Als sei das nicht genug, wollte Carl Orff zur Uraufführung seines »Gefesselten Prometheus« von Aischylos Bilder von Grieshaber. Die Verwicklungen wurden bedrohlich, Kirke hatte Odysseus Gefährten in Schweine verwandelt, Grieshaber stürzte, als er die ausgebrochene, hochträchtige Islandstute einfangen wollte und zertrümmerte sich die Schulter. »Ich mußte stürzen, so konnte es doch nicht weitergehen«, sagte er vor der Operation. War das unser gordischer Knoten? Kaum, wir zupften lang und mit großer Geduld an ihm herum, bis er sich auflösen ließ.

WIESENBRIEFE entstanden in der Tübinger Klinik, vom Hals bis zu den Hüften im Gips, gemalte Sehnsucht nach der Alb vor den Fenstern; Botschaften, Wünsche, Hoffnungen, die Wiese war Metapher für Freiheit, Gesundheit, Liebe: jetzt explodierend in Farben und Formen; drei Monate war der Körper gefesselt. Frühmorgens fuhr ich durch Nebel, Schnee, Eis, wenn ich zurückkam, lag der Frühling im Briefkasten. Manche Malbriefe wurden im Laufe der Zeit zu Holzschnitten in unseren Büchern.

Im Sommer danach hatte der gemeinsame Alltag begonnen. Es war keine »Entmythologisierung«, als die griechischen Namen und Begriffe in den Hintergrund traten, neue Mythen meldeten sich an, die Briefe wurden einfacher, wenn auch selten ohne den doppelten Boden; die Herausforderung gehörte zu Grieshabers Charakter, seinem Talent als homme de lettres. Das Engagement für die Wiederherstellung der Demokratie in Hellas, der Flügelschlag des achten ENGELS trug uns noch bis zum STUDENTEN-ENGEL: ANTIGONE.

Nach und nach wurden die Achalm-Probleme entflochten, ich wurde überschüttet mit Aufgaben (noch war ich ein politischer Lehrling), gefordert für Bücher und künftige ENGEL samt den dazugehörenden Aktionen, meine literarischen Fähigkeiten, nüchterne und die phantastischen, wurden aufs hohe Seil gezwungen, das Primat der Kunst sollte nicht angetastet werden, ich war nicht schwindelfrei. Als Grieshabers Chauffeur fuhr ich ihn kreuz und quer durch Europa, wo er Wände füllte. Für Bonn entstand ein Weltgericht, ein Areopag mit einer Justitia für den Europäischen Gerichtshof in Luxemburg, eine Sintflut für Heidelberg, ein Sühnekreuzweg für Polen, eine Kirchenwand für Untertürkheim, und immer neu durchquerten wir den Eisernen Vorhang, der nicht durchlässiger wurde dadurch. Unterwegs gibt es keine Briefe.

1972 zog ich auf die Achalm, J. P. blieb als Statthalter im Stuttgarter Haus wohnen, in das ich sporadisch einkehrte, das eine, das andere Brieflein zu erhalten. Die hochgemuten Ereignisse konnten sich nicht mehr in Briefen niederschlagen, wir lebten und wohnten zusammen. Immer kleiner werdende Alltagsnotizen, trostspendende, ermunternde, traten an die Stelle von Dokumentationen, neun künftige ENGEL DER GESCHICHTE betreffend, unser heftiger Einsatz für Umwelt, Ökologie, noch bevor es diese Wörter gab, bevor der Club of Rome das Bewußtsein geweckt hatte, bevor Erde, Wasser, Luft zu verderben anfingen; unser Engagement gegen Kernkraftwerke, gegen die Zubetonierung der Landschaft, Baumsterben, Artenschwund, gegen die unablässig sich multiplizierenden Ursachen, gegen die Hoffnungslosigkeit Grieshabers, seine Kunst in die andere Wagschale zu legen, in der längst eine in atemraubendem Tempo sich verändernde Kunst Platz genommen hatte. Aus dem Prometheus von achtundsechzig wurde ein Don Quijote, ich sein Sancho Pansa.

Meine Briefauswahl, obwohl die bestmögliche, ist beschränkt, ein Querschnitt durch eine kurze Zeit. Begleitmusik zu unseren Büchern voller Bilder, Gedichte, Geschichten.

Margarete Hannsmann

Ihr Lieben,

und freuen uns selbst!
Welches Glück doch
gleich kommen zu müssen.
Von Menschen Menschen haben
wir genug. Wir haben
Die Tauben
(wegen der sanften Form),
sie lassen sich hier und
da nieder, an unsern
Wänden, Feigelschlägen
im Garten und auch am
Fenster. χαιρε.

Dafür haben wir auf
der Achalm ein herrliches,
wenn sie beide es sich be-
sehen sagen, sind die unsere
Gäste. Und dann wie
die Tauben. Sie stören nicht
und sind willkommen
Ihre Achalm

gute
+ böse
sonnen

über

Margarete: Sehr verehrter Herr Professor Grieshaber,   11 – VIII – 1967
weil Johannes Poethen Sie am Mittwoch besuchen wird, weil ich
seine Frau bin und mitkommen möchte, weil wir soeben aus Kreta
zurückkehrten (seit Ostern) und ich erfahre, auch Sie wollten zu
den Vorgängen in Griechenland Stellung nehmen, meine ich, es
wäre gut, mich bei Ihnen vorzustellen, eh ich bitte: Helfen Sie
Johannes P.!
Margarete Hannsmann

Ihr Lieben,   19 – VIII – 1967
wir freuen uns sehr! Welches Glück doch gleich formen zu müssen!
Von Menschenmenschen haben wir genug. Wir lieben die Tauben
(wegen der sanften Form), sie lassen sich hier und da nieder, ein
bißchen Wasser, Flügelschlagen im Garten und auch am Fenster:
chaire! Dafür haben wir auf der Achalm ein Hotelchen, wenn Sie
beide es rechtzeitig sagen, sind Sie unsere Gäste. Und dann wie die
Tauben. Sie stören nicht. Und sind willkommen
Eure Achalm

Ihr lieben Tauben!   22 – VIII – 1967
Eure Gabe ist ein Engel. Ein Doppelmoppel! Wie kann ich dahin
kommen, wo meine Träume immer schon sind?
πολλά ενχαριστώ
Noch sind es die Mußbildchen für Hatje … Aber den heurigen, Euri-
gen, ungeheurigen Engel il faut le faire!
Zur Messe sollte es reichen (Manus ist präsent!!). Wer bringt nun die
Post hinterher? Der Ara, die Wildgans, Pferd oder Esel? Sonst immer
wartet das Postpferd
φιλιά φίλος φίλος Χαίρε   Euer Grieshaber

Liebe, verehrte Frau Margarete,   23 – VIII – 1967
eben mit unserem Verleger gesprochen, über die Doppelnummer
und die Buchmesse.
Ich freue mich sehr auf den Sonntagabend (mit Mond und κρασί).
Um 18^h ist Füttern der Tiere, und morgens ein Weg auf die Achalm:
Sonntag
το λοντρό στο ύπαιθρο
haben Sie Badezeug? Es ist nicht viel, aber sehr schön! Das Essen
ist gut!
Χαίρε   Ihr Grieshaber

PS   3 Flaschen ρετσίνα gekauft, um mit Poethen zu trinken!

mes très chers,   24 – VIII – 1967
ob es uns gelingt? So spät findet man kaum Freunde, Wunder
genug, die alten Freunde noch zu habe … Auch wenn wir erst den
Tisch finden müssen, von dem die alten Juden sagen: sie hätten nie
von einem Tisch gegessen, der nicht der ihrige gewesen sei. Was
für ein unerzogenes Land! unsere Heimat
Ελλάδα forever   Euer Gries

Liebe verehrte Frau Hannsmann,   25 – VIII – 1967
von der Frau höre ich, Sie schreiben deutsch, wie schön! Schreiben
Sie ruhig deutsch, Ihr vieux kann und lernt es gerne wieder Ihnen
zuliebe!
Es ist ein ganz neues Marschgefühl! Alles wird wieder neu!
Och unsere armen Kinder! Wir sind ihre Guten und bleiben es
herzlichst   Ihr Grieshaber

                                              25 – VIII – 1967
»Guten Morgen Kameraden, sagt der Hauptmann, ja was gibt es
denn so früh?«   Rinaldo Rinaldini
Schön, allein auf der Achalm herumzugehen. Vorher noch einmal
das Vorwort von Hofmannsthal zum Griechenlandbuch gelesen.
Was für eine Sprache!
Natürlich gibt es jeden Tag sehr viel: unsere gemeinsame Sache.
Das weiß die Post und muß es leiden. Nur das. Freischärler sahen
einmal besser aus, mit Fustanella, gestickter Weste, Waffengurt und
roten Schnabelschuhen. Die Frauen hatten ein Stirnband mit Mün-
zen am Kopftuch.
Euer vieux in griechischer Nationaltracht grüßt hinter der Achalm
hervor
chaire   Gris

Liebe Frau Margarete,   26 – VIII – 1967
ach, Στο διάβολο, so gut Ihre Predigt. Ich glaube, jetzt haben wir
alles Heu herunten, sind Heuhunde, die in Paaren auftreten.
Poethen soll also am Montag sagen, was in den Himmel kommt, sein
Engel ist …
Wir breiten die Arme weit!
herzlichst   Eure Achalm

PS   Wir lieben nicht die Unsitte von Israelis, nur Vorname zu sagen
und zu Duzen, wir sind Damen!

Liebe Frau Margarete,   29 – VIII – 1967
Böll meint, Ihr vieux sei ein Mann mit 8 Ohren: 2 Menschenohren,
2 Eselsohren, 2 Hasenohren, 2 Pferdeohren.
Er hat das Ohr noch am Boden, obwohl sich der Zug immer weiter
entfernt, der Zug der Zeit aus Stuttgart.
Ihr seid mir Schöne, Sie sind eine Schöne … Ich fiel glatt vom Seil,
nachdem das Auto weg war. Also unsere Sache steht gut. Die Engel
werden in Holland gezeigt, reisen nach draußen
chaire   Euer Kapitan Gris

Margarete: Liebes Feuer!   Donnerstag noch, noch August
wozu haben Sie Hasen-, Esels-, Pferdeohren, wenn Sie nicht hören,
wie eine flieht vor dem Knistern? Nichts half, kein Wasser, kein Groß-
stadtschaum, kein Häuserwald, nicht das Galoppieren durch
Straßen (seit Jahrenden nicht mehr praktiziert), es holte mich ein.
Es war schlimm. Gestern.
Heut bin ich keine Flamme mehr, nur Erde, über die der Steppen-
brand ging, verwüstet …, es ist furchtbar, immer nur auf die
Poethensche Pallas Athene zu starren. Gehorsam zu sein.
Da, ein (altes) Selbstporträt, so wünsch ich mich.
Ihre Margarete

… Im Süden
Mein linkes Ohr, dem der mich malen lehrt:
Den Leichtmetalliegestuhl
blaubespannt
schwarzer BH
Hose flaschengrün fleckig
Elfenbein das Stück Bauch dazwischen
dunkel über den Schultern wachsend
Arme Hals
caput mortuum
kein Gesicht.

Das Grün noch einmal in den Zypressen
das Blau über allem
das Schwarz für die Sonne
und nirgends ein Rot
denn das Gebrüll der Zikaden ist nicht zu malen.

Verehrte,   30 – VIII – 1967
Ihr vieux bemerkt nicht, nichts, nicht Stuttgart … unversehrt scheint
der Mond, malgré tout.
Die Künstler, sagt Beethoven, sind vom Feuer, sie weinen nicht.
Es gibt 30 Bände Goethe. Wer sich die Mühe macht, findet an ihm
keine Stelle die unverletzt ist.
»und so fortan«   Ihr treuer Gries

Liebe Frau Margarete,   31 – VIII – 1967
grand merci für das Foto Ihres Zuhause. Ich habe mich auch zurück-
gewandt in mein verhülltes Atelier. Durch die Herbstnebel sieht man
schon nicht mehr so gut unser Winken
noch immer   Eure Achalm

                                    31 – VIII – 1967, 1 – IX – 1967
oh joy, die Engländer wollen ihren Gefangenen eine Frau dazu
legen, aber wer legt dem Gefangenen der Kunst – der zärtlich
bewacht werden muß – sich hinzu?
Dank für das Gedicht
Dank   Dank   Grieshaber

(Rückseite)
après le coque:
sind es Spiele zu dritt. Und gar nicht schön.
Was fängt einer an, der noch gar nicht weise ist und sich doch wie
Hölderlin vor der Schönen beugt?
Ich weiß, »dem Schönen« – aber was hilft es den Mußbildchen
… take it easy

PS   Ich bin ein Idiot: gerade bringt die Frau die Papiergirlanden der
Party von gestern (der Kinder) in einer Schachtel.
Es ist der Himmel in Farbe! Zu was le coq! Wir Gaukler dürsten!

Margarete: [ohne Datum]
Das geht haarscharf zu weit (sagen die Kinder)! In der Nacht vom
31. zum 1. des nie aufhören sollenden August träumte ich ein Schiff,
das Schiff, unser Schiff, und mit derselben Post überkreuz kam das
Schiff, feuchtglänzend noch, von der Achalm!
Danke   Margarete

                            Nachts zwischen August und September
KAPITAN
mach mich zum Steuermann auf Deinem Phaiakenschiff   M.

Denn der Phaiaken Schiffe bedürfen keiner Piloten,
Nicht des Steuers einmal, wie die Schiffe der übrigen Völker;
Sondern sie wissen von selbst der Männer Gedanken und Willen,
Wissen nah und ferne die Städt' und fruchtbaren Länder
Jeglichen Volks und durchlaufen geschwinde die Fluten des
Meeres,
Eingehüllt in Nebel und Nacht.   (Achter Gesang)

        1. September
            KAPITAN   KAPITAN
                        wohin fährt unser Schiff
                        mit dem Engel als Galionsfigur   M.
        2. September   Jetzt kann ich nie mehr von Bord   M.
        3. September   Setz mich aus bei den Lotosessern   M.
        4. September   Bring mich zu Polyphem ich will sein neues
                        Auge werden   M.
        5. September   Nicht das Seil kappen, laß die Laistrygonen
                        Felsen schleudern   M.
        6. September   Aiaia mach mich zum Schwein   M.
        7. September   Warum bleiben wir nicht auf dem Meer
                        der Kimmerier
                        Landen ist Tod und Wissen: M.
        8. September   Die Mutter
                        Tantalos
                        Sisyphos
                        Agamemnon   M.
        9. September   Kapitan nimm mir das Wachs aus den
                        Ohren   M.
        10. September   Opfere mich den irrenden Klippen   M.
        11. September   Wirf mich Skylla vor dann überstehst du
                        Charybdis   M.
        12. September   Vergiß Nausikaa Kirke Kalypso   M.
        13. September   Vergiß Penelope
        14. September   Trotze Athene bleib auf dem Schiff
                        bis wir vor Scheria versteinern.
                        finish   M.

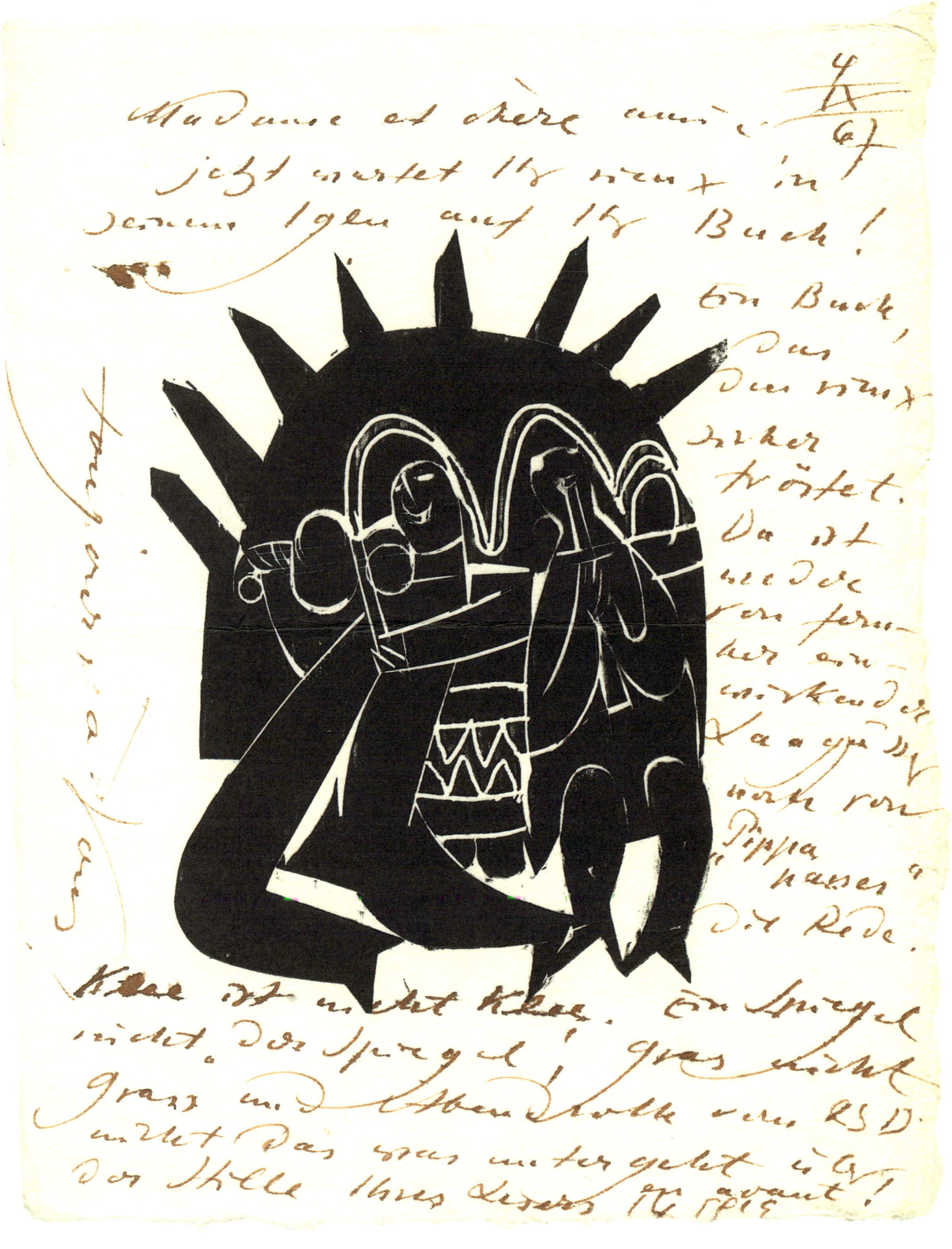

Madame et chère amie,   4 – IX – 1967
jetzt wartet Ihr vieux in seinem Iglu auf Ihr Buch! Ein Buch, das den
vieux sicher tröstet. Da ist weder von fernher einwirkender Lang-
gässer noch von »Pippa passes« die Rede. Klee ist nicht Klee. Ein
Spiegel nicht »Der Spiegel«, Gras nicht Grass und Abendroth vom
LSD nicht das, was untergeht über der Stille Ihres Lesers
en avant!   Ihr   Γριστ

toujours, à vous!

L. M.,   6 – IX – 1967
es werden 1 schwarzes und 1 wĭses sein! Auch 1 schwarz-weißes,
aus Mergentheim. Wir holen es heute im blauen Mercedes meines
Bauern. Ich bin wieder im Holz
verreist und doch ganz da   Γ

Ihr Lieben,   6 – IX – 1967
auch Prometheus ist bei den Pfeffersäcken unten im Tal schon
angekündigt. Mich halten sie selbst für einen Pfeffersack mit Auto.
Soll Schwerstbeschädigte in eine »Kaserne« und zu einer »Waffen-
schau« auf die Alb fahren …
Bin froh, Euch am Freitag wieder zu sehen   Euer trauriger Gris

wichtiger Nachbrief:
wir haben geschlachtet, möchten gerne etwas davon nach Stuttgart
senden.
Ich fände besser, Ihr kommt *bald* auf die Achalm und holt es zusammen mit der Carmina Burana   Euer G.

Meine Liebe,   10 – IX – 1967
wir haben vergessen, meine Copien von der kleinen Bergfeld aus
Weimar (1830) anzusehen. Es hätte Sie getröstet. Hundert Jahre
später. It's never too late to mend!
herzlich   Ihr treuer   Γ

PS   Der Herbst hat begonnen
… les sanglots lots et je me souviens …
bei Verlaine zu finden

Ma chère M,   12 – IX – 1967
es wird wohl kaum einen erregteren Leser Ihres neuen Buches
geben, denn was mir fehlt an der Zeit nach C. ist eine Erklä-
rung, wo die Schuld herkommt, die immer derjenige hat, welcher
weiß …
Wissen war nie Macht, sie sei es, las ich im Hausgang meines Zahn-
arztes als Knabe. Wieviel Schuld, weiß ich bereits. Wir Armen
Ihr   Γ

PS   ich spreche von der Rechnung, die dem vieux nach 1945 prä-
sentiert worden ist!

Ihr Lieben,   12 – IX – 1967, 6^h
es sind Posthunde. Darum lasse ich jetzt einen Aeroplan starten.
Mein Butler ist schon unterwegs, leider nur mit den Signaturen für
Berlin und nicht mit diesem Gruß nach Echterdingen. Auch unsere
Datura (aiborescens) der Stechapfel ist nicht aufgeblüht, wenn ja,
dann kommt wohl Flugschiff? Gestern abend erstes Farbfernsehen:
Kunst (Max Ernst) zog ihn mir am Radio vor. (Keine Wahl gehabt.)
Wie war ich? (alte Schauspielerfrage)
hoffentlich   Euer vieux   Γ

PS   In der Nacht Plakate für die Mappe bei Manus concipiert, 3^h,
4^h, 5^h

18

L. M.,   13 – IX – 1967, 6^h
die Agave von der Akropolis ist mit den Orangenbäumchen im Haus.
Der Stechapfel wird auch vor der Party hereingenommen werden
müssen.

Sie sagen es: am Abend ist es eng um die Brust – vielleicht fährt
Ilja Prokoff im Traum mit seinem Wagen darüber hin und werfen die
Götter – wie modern – nur Steine, welche aus Schaumgummi sind.
Dann schreibe ich zur Strafe, das für Sie (mich) erfundene Gamma
in ein Schulheft tausendmal ab ← es geht auf die Brust zu wie die
arabische ↓ Schrift und schlägt dann in die Erde. Es geht auch
sofort weit weg, um da zu sein
Ihr   Γ

PS   Gruß an Poethen: ich drucke heute den Umschlag

Liebe M.,   13 – IX – 1967,
es ist nicht das Scherflein Glück, das in Reutlingen durch die Sta-
ketenzäune der Bürger herausgereicht wird. Es ist *Ihre* Achalm. *Ihr*
hellenika, die Zeitschrift, welche dasselbe Format wie mein Katalog
aus Nürnberg hat. Nürnberg? Da will ich doch lieber anonym abrei-
sen. Wer weiß, wer da noch an der Bahn steht.
Ein berühmter Maler hat in seiner letzten Stunde so viel Gutes
gehabt, wie Ihr vieux nie im Leben. Eine drückte ihm die Augen zu,
eine andere hielt ihm das rechte Händchen (noch einmal), eine
andere die linke … Ich brauche wohl nicht diesen Augenblick, der
nichts an meinen Holzschnitten verbessert. Eine leere Stunde zu der
mir, wenn schon, nur die Frau hilft.
»… grow old with me …« Aber das ist ein Gedanke, den der König
von Sparta gehabt hat, als alles verloren war und er seinen Schwert-
träger bat, das Schwert aufzurichten, um sich hineinzustür-
zen … Dieser aber ein Prolet fand, es sei unrecht, sich das Leben
zu nehmen, solange man noch etwas für das gemeine Wohl wirken
könne.
Dem Schneidler nehme ich übel, in Fürst Myschkin den Kalligraphen
nicht geachtet zu haben …
Was soll der ganze Bafel vom Ich zum Wir uns nützen? Schneidlers
Jugendstil kam nie recht vom Bürgerlichen weg. Sein Vater war
Schlosser. Darum genügte ihm auch nicht der »Deutsche Gruß«, er
mußte »Es lebe der Führer« drucken lassen. Vom Sohn weiß ich
außer der Beerdigung nur, »er sei im Sturm von meinem Mann«
gewesen. Für den Augenblick gibt es kein Rezept. Oskar Wilde hat
eines zu löschen, was die Psyche zu sehr plagt … Stendhal ein
anderes, sofort der Zofe einen Antrag zu machen … Goethe hält es
mit der Natur, die dem »Iste« treu ist …
Was tue ich bloß mit den Gefühlen Ihres Γ

Margarete: Cher vieux   Donnerstag abend (nach dem 13 – IX – 1967)
(bitte bemerken Sie, diese Anrede werde ich nur einmal wählen)
Nach der Geburtstagseuphorie kam prompt der Kater: Ihr (erster)
langer Brief, schwarz, und zerkratzte mir das Gesicht.
(Wir werden uns noch mehr zerkratzen!). Was für ein Arrangement
haben Sie mit der Post? Ich fange an, mich mehr zu fürchten als bisher.
Sie erzählen vom Sterben: Ihre Möglichkeiten. Ich schrieb zur gleichen Stunde überkreuz an Sie zum gleichen Thema. Wie konnten
wir einander antworten, ohne die Fragen noch gelesen zu haben?
Wir haben also denselben Geschmack, was die delikate Stunde
betrifft (über die ich mit Jannis nie, nie reden darf): Ihr Partner ist
Kirke. Sie sehen, wie recht Sie wählten! Mir steht höchstens (und
heimlich) Madames Garten zu, als Ibsens Wildente, untertauchend,
mich festbeißend …
(Verzeihung, wenn ich über etwas schrieb, das Sie womöglich auch
nicht mögen als Grieche. Aber ich war schon viel zu oft unterm Messer, das Sie nur führen.)
Vieux, das ist's, warum ich auf die Jugend pfeife.
Diese vier Zeilen (keines extra guten Gedichts) und noch etliche
andere helfen mir leben, deshalb kann ich trotz aller Einwände auf
ihren Autor nicht verzichten!
Der soziologische Nenner,
der hinter Jahrtausenden schlief,
heißt: ein paar alte Männer
und die litten tief.
Es heißt eigentlich ›große‹.
Ihre alte Margarete

Ach …,   14 – IX – 1967
würde eine Frau sagen. Je nun, der vieux ist fast eine solche. Er wird
von den vielen Möglichkeiten doch die Zofe wählen … Ich hoffe, Sie
wahren das Geheimnis, *gegen jedermann!*
wahren: do keep, to preserve, to take care of, to look after, to watch
over
oh Gott! was haben wir da angefangen!
Ich bin   Ihr   Γ

Meine Liebe,   14 – IX – 1967
jetzt gehe ich nach Nürnberg und nehme die Zofe mit ins Grandhotel (Wehe, wenn Sie mich verraten).
Wohl dem, der nichts weiß von fremdem Geschick! Der nicht weiß,
wie lebensgefährlich zu lieben ist
als   Ihr   Γ

(Rückseite des Kuverts: nicht die Dienstmagd nein … jemand der
zu *viel* Charakter hat!)

Oh dearest,   14 – IX – 1967

Midas ist bekannt für seine Torheit, er hat Unsterblichkeit dadurch erlangt. Wen hat er doch in seinen Rosengärten gefunden und zu wem war er so gut (wie die Schwaben sagen), zwar nicht der Gott mit dem Pfeil, der lustige Bruder des Weines war es
oh wäre es so, Apollo! Hilf!   Ihr   Γ

Margarete: (14 – IX – 1967)   Nachts vor Nürnberg

Nie gab es das: 2, 3, 4 Uhr geweckt werden. Aus meinem Bauern-schlaf. Was tun Sie! Es kann nichts anderes sein. Ich bin wütend. Ich bin ganz gelassen. Horche. Woher? Muß mir ein Schreibheft ans Bett kaufen.
Jetzt weiß ich, was mich verwundete: die Zofe. Und ich will/wollte nie Ihr Händchen halten, damit Sie bessere Holzschnitte machen. Ich kann nicht mehr. Ich nehme Tabletten.
3 Uhr, ich ringe diese Sätze der lallenden Lähmung des Barbiturs ab. Interessant, wie scharf sie einen dünken trotz aller Glieder-lösung.
Dahin fahren Sie nun also heute – nachher – gleich – kennen Sie überhaupt *mein* Nürnberg? Die Eisenbahnfahrt dorthin vor 28 Jah-ren? Mein Deutsches Museum hieß Marsfeld. Brunnenheilige. Hier, das Foto. Ich reiß es heraus. Soll ich ein Präservativ beilegen? Ich will böse sein. Nürnberg Mörderstadt und Sie fahren an mir vorbei. Von Heidenheim nach Nürnberg   M

Meine Liebe,   15 – IX – 1967

sitze noch hier und schneide …
und wer mich lieb hat …
wohin oh Penelope? Wer bewacht dann Odysseus?
Ob mich das Boot noch lange fern hält?
rudert, rudert (das war übrigens das erste Gedicht von Michaux in Deutschland vom vieux publiziert). Doch niemand dankt es mir, so wie Langston Hughes. Dies Gedicht von Michaux gab eine kleine Anfrage beim Landtag.
Wo nehm ich jetzt die Jahre her?   für   Γ

Margarete: 15/16 – IX – 1967   Montag früh 7 Uhr
fast hätt ich gestern eine Dummheit gemacht. Ich habe den Stolz
(Sie kennen ihn) derer, die überhaupt keinen haben. Vor dem Bahn-
hofspostfließband fiel mir ein: Wenn er nun Nürnberg, die Zofe dazu
benützen will, nicht mehr leiden zu müssen? Wenn er dich austrei-
ben will? – Rasch, wirf den Brief in die Dole. Dann ließ ich ihn aufs
Fließband fallen, damit er Sie morgen empfängt.
Zuerst empfing mich ein verstörter Jannis: »Der UvD hat angerufen.
Wir müssen hin. Welch furchtbarer Vorwand: Das Totenbuch von
Neuengamme ist da. Was will sie in Wirklichkeit? Stell dir vor, in uns-
rer Stube lägen hundert Eier verteilt. Dazwischen mußt du tanzen.«
Also: 15 Uhr heute mittag werde ich alles Porzellan zerschlagen. SIE
sind verschwunden. Unser Ofen brennt ab sofort bis nächstes Jahr
Mai – wenn keine Post aus Nürnberg kommt, werf ich das da und
alles Zukünftige hinein.
                                                                            9.30
Himmel, die Achalm ist wieder die Achalm. Nicht das Grandhotel. Als
ich vor dem Fließband stand fuhren Sie an mir vorbei. Und »Kame-
rad« haben Sie vorhin am Telefon gesagt. In Ordnung. Ihre Stimme
klang bergeversetzend.
                                                                           10.30
Ich muß also diesen Brief abschicken. Post aus Nürnberg ist da. Ein
Minimum an Post. Maximum: Sie ersparen mir nichts. Sie lassen
diese Person an mich schreiben. Und ich habe keinen Stendhal, den
ich befragen könnte. Freilich, ich ahne: die Gnädige soll, nun ja,
bestraft werden. Ich widerrufe das Grüngeschriebene.
Und morgen Darmstadt – Frankfurt. Ich werde mich rächen. Sie sollen wissen, Sie haben aus einem Basalt Funken geschlagen. Jannis schreibt, schrieb. An Sie. Gestern. Die halbe Nacht. Das ist das
Wunder seit Jahren.
Jetzt lass ich ihm den Vortritt

Margarete: Herbst 1967
            Jason war nicht 18
            Medea war nicht 18
            Theseus war nicht 18
            Odysseus war nicht 18
            Phädra war nicht 18
            Klytemnestra war nicht 18
            Agamemnon und Kassandra waren nicht 18
            Der Unterschied zwischen mir und den anderen: Ich lebe mit Ihren
            Briefen. Die anderen sammeln sie.
            Was das Archaische betrifft: ich weiß. Es ist nur ein winziger Schritt
            und wir beide töten.
            Adieu ich fliehe zur Messe, zur Gegenfigur, schon Ihre IO
            Warum müssen wir immer neu die Jahrtausende in uns verbessern!

Margarete: [Herbst 1967]   Dienstag midi
(soeben fuhr das Auto gen München, spürte doch ein wenig Blut)
Kapitan:
kurz vor meinem Generalstreik schmeißen Sie alles wieder um!
 1. Beschwörungsbildsehnsucht
 2. Genauso hab ich mirs vorgestellt: Sie kommen erst ins Lesen,
    wenn Ihre Briefe im Buch sind. Und dann sind Sie ganz arm. Die
    wenigen Umbruchzeilen vom Buch zu Hause, die Stunde am
    Hatjestand mit den Malbriefen war schon für mich eine Fahrt ins
    Schattenreich.
 3. Freiburg: ich wollte kneifen. Den Jannis allein fahren lassen.
    (Auto voller Verbandsfrauen.) Allein den Engel verteidigen. Da
    greifen Sie ein mit »Brezeln« und begründen Freiburg. Auch der
    soeben eröffnete geteilte Tod ist Befehl. Streik, weil ich nicht
    mehr will, nicht mehr kann: Der Roman liegt im Siechenhaus –
    Gedichte wehklagen – Prometheus wartet auf IO, die Handauf-
    legung, damit ihr Schoß immer neu den Adler töte.
 4. Man das alles nicht kann ohne …
 5. Seit drei Nächten Meditation über Tauben: einen Maat, der eine
    Taube gewesen sein soll. Fensterbrett, Wasser, Körner. Wäre
    er eine Taube, er würde verhungern.
 6. Da kommen Taubenbilder (falls es nicht Krähen sind): 4 Ausle-
    gungsmöglichkeiten, 3 x gegen die Tauben, 1 x dafür (wegen
    der Maden).
 7. Ich glaube, Sie quälen den Maat
 8. wollen Sie das?
 9. was ist too late (auf dem Couvert?)
10. siehe 7
11. jetzt gehen wir sofort endlich den Anzug für Jannis kaufen
12. Einer trieb Verräterei
13. siehe 1

L.,   18–IX–1967
unsere Post hat sich gekreuzt (was für ein Wort, gekreuzigt wäre
richtiger), ich halte auch nichts von Spökenkieken. Ganz einfach war
es die Not von P, des Kameraden, welche so viel Wirklichkeit her-
eingebracht hat; hier wie dort. Ich lese immer wieder Ihren ersten
Brief. Aber vielleicht wollen Sie sich doch beschweren im Grandhotel
Ihres   Γ   à plein cœur

Ihr Lieben,   18 – IX – 1967
die Party ist bald, denn der Stechapfel (jetzt in der Küche) macht
sich schon bereit dafür. Heute seid Ihr bei der Fürstin, ob es geht?
Es soll für Poethen eine Hilfe sein.
In Nürnberg vor all den Mauern, aus denen Pech und Schwefel ein-
mal geschüttet wurde, hatte Euer vieux Glück! Ich las nicht, zeigte
in der Werkstatt von »Da Vinci Pinsel« die Mußbildchen von Hatje.
Ein 5jähriger Junge war mein Partner. Gleich nach der 2. Projektion:
»wann kommt endlich der Film«. So konnte ich Perlhühner, Bären,
Paare, Affen im Wechselgespräch unterbringen.
Ach, ich hätte besser nicht die 3 Tage in C gelesen …
Auf bald, auf ein gutes Wiedersehen   Euer   Gris

Liebe Margarete,   30 – IX – 1967
Sie sehen es der Anrede an, niemand kann zurück. Die alte Sitte, in
der Anrede sich preiszugeben, ist längst nicht mehr in Mode. Da
schreibt hier ein tumber Tor, ein Tor, der schon eine Absage so falsch
versteht, wie eine Sublimierung.
Ach ja, »er kam hüpfend über die Berge«, nur nicht Zerline, sondern
cousine erwartete ihn … Sie, die einmal als Räuberbraut in Polen
gelernt haben will: just in the moment da zu sein. Unser early dew
of morning ging dabei verloren. Es wird lange dauern, bis der Flaum
sich wieder auf den Früchten ansetzt. Sie erleben es sicher. Die Myo-
kard-Unterlagen helfen dem vieux vielleicht noch dazu, dabei zu
sein. Wer weiß, jeder ist ein unverwechselbarer Patient
je t'embrasse   Ihr   Γ

24

Margarete:

L. G., anständige Leute (ich meine Menschen) schweigen darüber. Wie Sie! Ich meine den Sonntagmorgen. Und lassen ihn stehen als Memento. Ich kann ihn dafür nicht brauchen. Ich muß ihn auseinandernehmen, ausräumen, ein für allemal, deshalb bin ich taktlos und schreibe. Oder weil ich schreibe, muß ich taktlos sein. (Sie selbst stammelten etwas von »Material« nach dem ersten Schreck, als wir wieder allein auf dem Weg waren.)

Zuvörderst also: Ich begriff erst nachdem alles lang vorbei war. Richtig eigentlich erst auf der Fahrt nach Heidenheim an diesem südlichen Sonntag. Und nachts. Mein Denken ist schwerfällig (Euer Spaß über meine Logik), ich handle deshalb meistens verkehrt, das heißt richtig (glücklich? unglücklich?): überstehe heikle Situationen heiter unbelastet allenfalls erstaunt: wohinauswilldas?

Die Zofe in Ihrem ersten Nürnberg-Brief nahm ich selbstverständlich als Metapher. Und selbstverständlich traf sie mich als ob. Ihre zweite Zofe nahm schon Gestalt an. Die dritte erschien mir in Fleisch und Blut (Sie sorgten dafür!). Mit ihr kämpfte ich so lang, bis ich es aushielt, sie neben Ihnen liegen zu sehn. Ich stattete sie immer verschwenderischer für Sie aus, in allen Erscheinungsformen, mit allem Liebreiz der Welt, um immer noch mehr zu leiden. Um stärker zu werden, um sie desto besser zu überwinden. Dann, als Sie mich in Sütterlin von ihr grüßen ließen, schämte ich mich. Sie *ist* keine Wirklichkeit, es gibt sie nicht, der Spaß mit dem Grüßenlassen beweist es.

Und dann trat sie am Sonntagmorgen in unseren Achalmweg. Erst als sie sagten, sie ist jemand der zu viel Charakter hat, erschrak ich. Nun ja. Sie hatten mich also von der Nacht mit ihr grüßen lassen. Das muß ich verdauen. Das ist ungewohnte Kost. Vieles fraß ich schon. Jetzt schreibe ich mir Natron zusammen: Hat er nicht recht? Ich schlafe doch auch mit einem Mann, dem ich zugetan bin. Gibt es zweierlei Maß?

Und dann: Geduld. Jede Krankheit geht vorüber.

Themen: HAP und die Frauen. Ich und die Männer. Ich und die Frauen. Aber *aber*, du bist doch oben auf dem Seil, Margarete! – Schon, doch warum begegnet mir dann auch dort die Grundfigur?

Immer dasselbe, seit ich mannbar bin: die Ehefrau, die bisherige Geliebte. Zwischen Salzsäureflaschen und Briefen war ich allen Möglichkeiten ausgesetzt. Es waren nicht unedle Männer, sie schützten mich, frei nach Brecht, verteidigten mich, kränkten die Ehefrauen, wiesen die bisherigen Geliebten ab. Für eine Nacht oder zwei. Oder ein Dutzend.

Themen: Sich kratzen, wenn es einen juckt. Mit einem Mann, den man mag, schlafen gehen ist keine Kunst. Es nicht zu tun, kann unter Umständen eine werden. Oder: Sich in HAP zu verknallen, ist (unter Umständen) nicht so schwer. Ihn zu lieben – mit der Vorstellung es dauert – mit der Vorstellung es dauert nicht –, ist beides unmenschlich.

Zusammenfassung: Ihr unter dem Seil zu begegnen, war also der Schock. (Schock ist Mode.) Und wenn dieser Sonntagmorgen kein Seil war – was dann? Wir beide gingen aufeinander zu, Fußlänge um Fußlänge balancierend, und – eh wir uns in der Mitte trafen, stößt jemand von unten herauf mit der Stange, zielt nach dem Seil: zurück!

sonst schüttle ich! Wie soll ein Anfänger rückwärts gehn ohne den Pfennig der Begegnung. Noch bin ich nicht ins Netz gefallen. Vielleicht halten Sie diesen Brief für einen Sturz. Ist mir aber wurscht. Es ist noch kein Meister vom Himmel gefallen. Undsoweiter, siehe deutscher Zitatenschatz. Auf der Erde hätt ich, weiß Gott, anders reagiert. (Und was bewog sie, am Sonntagmorgen die vermeintliche Rivalin zu besichtigen, wenn sie sich nicht in der Mondnacht vorher von unseren Schattenbildern vergiften ließ? Oder brachten Sie mich zum Hotel und ließen sich von ihr zurückbringen? Brutus.) Kusch Margarete, zurück aufs Seil

Nur dort begegnest du ihm wirklich, dem Künstler
Ergo: Generalpardon, Generaldispens für die Zofe(n).
Das ist mein erster Tanzschritt auf dem Seil.

Geliebter Maat,   1 – X – 1967
Sie sind an Bord! Ihr Rad, das nach den Tagen in C. weiterfährt, sagt, warum Sie Schneid und Angst im Leben gewinnen müssen, um so gut zu schreiben
wie die Trommeln in der Nacht   Ihres   Γ

                                                           3 – X – 1967
aus meinen großen Schmerzen mach ich die kleinen Lieder …
L. M. Dank, Dank L. M.
Ihr   Γ

M L M,   4 – X – 1967
so viel Heu haben Sie hunten und mir vor die Türe gelegt. Heu, das im Winter schützt; frisches, jugendfrisches Heu, das den vieux bestätigt und die Lenden stärkt, schön umbrochen von Ihrem Gedicht, kann das Land ruhen
Dank   Ihr   Γ

Freunde,   8 – X – 1967
nur Sonntage und jene nicht zu beschreibende Färbung des Schweigens. Habt Dank und vergeßt nicht in Frankfurt Euren   Γρισ

PS   Kapitan Γρισ ist eine stehende Figur des Karaghiozis, er fiel für die Befreiung von Griechenland
Bilder   Bilder   Bilder

grosse   Freude   über das   Haupt   über von   seine

Margarete: Freitag, unterwegs [1967]
[Zettel von der Frankfurter Buchmesse 1967, Grieshaber schickte
mich in die Halle Großbritannien, um im Oxford-Dictionary das Wort
Maat/mate zu suchen]
          Gefährte
          Genosse
          Kamerad
          Gehilfe
          Gatte
          Gattin
          Glied eines Paares
          sich paaren
          sich gatten
          matt setzen
          trotzdem:
          the mate
          is the mate
          is the mate
          auch wenn er vorm Oxford-Dictionary fast erstickt wäre

Lieber Maat,   20 – X – 1967
wie schön, ein Mann des Volks zu sein!
Joannis hat schon recht, das ist der Zweck der Übung.
Bei Dante hätten die beiden auch im Oxford-Dictionary nicht weiter-
gelesen ...
Ihr   Г

PS   denke, wenn J. Glück in Hessen hat, der Knochen dann für
Württemberg plötzlich wieder wertvoll ist! Die Mittwochsendung
abzumontieren, ist eine Schande!

Liebes Schiffsvolk,   23 – X – 1967
alle die Ihr die Wäsche vorne heraushängen habt: Maat und Ober-
maat! Dank, großen Dank für den Gruß an Böll. Es war notwendiger
als Ihr ahnt. Max Tau macht mich wieder gut: der Gedanke, so lange
warten zu dürfen, bis ... (auch dürfen mit 70)
Ahoi   Euer   Gris

lieber Maat,
bitte grand pardon für lahme Postpferde – lese die Malbriefe. Mon
Dieu! Kein Malraux, der sagt (wie vom General), es sei nicht Au-
sterlitz, vielmehr agonisierendes Frankreich von 1940, er (der General) habe gewußt, die Franzosen hätten die Niederlage akzeptiert,
er sei das Alibi von Millionen Franzosen ... Ich will froh sein, Ihnen
die Briefe bald senden zu können, kann nicht schreiben jetzt, cela
suffit!   Г

Ihr Lieben, 24 – X – 1967
die Kinderklinik in Freiburg ist eine geschlossene Station, eine Art
Quarantäne, Ihr könnt sie wohl nicht besichtigen. Dafür gibt es unter-
wegs in Offenburg (Justizgebäude) eine Treppe, die Euer vieux al
prima bemalt hat. Gibt es das noch?
Der Maat hat recht, der Brief der Jungs aus Hamburg ist besser als
Literatur. Der Maat hat überhaupt recht, seine Worte stimmen. Dafür
Generalpardon für sein genaues Wort. Das allerdings trifft. Wie, das
hat sich unser Maat wohl nie überlegt. Er bestätigt, was die Dorpat
(Ellenbogenspiele) über das XVIII. Jahrhundert sagt, d. h. durch La
Rochefoucauld sagen läßt. Leider ist das der einzige Geistesblitz in
diesem minutiösen Bericht von Tübingen.
Ich denke, wir haben mehr anzubieten, allen und Eurem treuen Gris

Ach Maat, später mit Post
nach was soll ich denn streben? Als Maler nach Vollkommenheit, als
Liebender nach Vereinigung – ist das quälend? Ja.
Warum sind Sie auch an den Starkstrom gekommen, wußten Sie
nicht, hier ist der Akku immer angeschlossen?
Bin ich noch Ihr   Γ

30

L. M.,   25 – X – 1967

je länger ich ohne Post bleibe, um so mehr Briefe werden wohl entflochten. Nicht Ihre, nein, Oxford bleibt am Kopfende der Zibetkatzen. Dort, wo es der Kopf nicht leicht hat. Sie wollen zwar Ihren so
niedlichen hinhalten, falls es Pannen gibt, falls Sie des Wortes so
mächtig, seine Wirkung nicht kennen … Aber die Wirkung ist zu
groß, Ihr Wort zu prall.
Ich weiß jetzt, was die tentations de St. Antoine gewesen sind. Der
Kontergan-Osterhase ist ein Mönch! gewesen! Stück für Stück ist
abgebrochen worden, jeden Tag eines oder zwei, ein Ohr, ein Fuß,
ein … wann sagt man da: stop?
Kapitäne klagen nicht!   Ihr   Γ

                                                     25 – X – 1967

»Wo faß ich dich, unendliche Natur, euch Brüste wo?«
Lieber Maat, bei bild. Künstlern ist es anders als bei Literaten,
meschugge sind sie anders, aber auch lieb.
Ihr   Γ

L,   26 – X – 1967

Dank für die Jugend, die Sie mir leiden-schaffend wieder bringen … Dank für das Lied von Rilke, das wir ohne es zu stillen in uns
ertragen wollen … Dank für das Bild der großen Mutter (»wo faß
ich Dich …«) Jetzt ist es da: Ihr Spiegel-Bild in Holz. Dank der näh-
rend-belebenden Glut. Barmherzige Wärme des Eros, der *nie*
mehr umschlagen soll in die Züge der gewaltigen Gorgo, ins
Chaos … Dank dafür, kein Einsaugen, Fressen und Verschlingen
mehr, keine Konterganfigur …
Wir werden selbständig bleiben, nicht zurückreiten, nicht in die Däm-
merung eintauchen, wir werden sein, was wir beide sind: Künstler,
die furchtlos in den Spiegel blicken.
Wir sind gleichwertig frei!   Γ + ⌐

la poste est morte.

vive la poste

das ist keine Post

das sind keine Briefe

das sind Nachträge ins Portobuch des ehemaligen Hannsmann-Verlags: es ist mein Versteck vor euch allen, es ist meine allerletzte Zuflucht, es ist mein Faradayscher Käfig vor den Blitzen des anderen Paares, wenn ich ihn öffne, werden es Briefe sein.

29/30 – X – 1967

Dreizehn Brüste! und meine eigenen. Und mitten in der Sonne. Es ist nicht die Diana von Ephesos. Schaun Sie es doch genau an, hat er gesagt. Er hat mich aus einem Baum geschnitten. Ob ich jetzt Daphne nacheifern muß?

Ich soll keine Post mehr … und ich soll doch. Und sie tadelte mich weil ich fragte …

Es ist nicht die Demütigung Küche. Die Küche ist ja nicht die Küche, sie ist die Zauberzelle auf Aiaia. Es kann schon sein, der Jannis begriff das, als er da zwischen Pflanzen und Tieren verhört wurde. Wie blaß er war, als er wieder in den mittleren Raum trat und schneidend sagte: du bist jetzt dran. Geh

diese paar Schritte, die Tür, die ins Schloß fiel,

meine Angst füllte den Weltraum aus,

die Angst vor der Angst zu versagen,

die Angst meine Angst könnte Eros vertreiben.

…

Sie sagte ich suggeriere ihm, er müsse mich vergewaltigen. Sich als Mann beweisen. Er leide darunter. Er sei ein Kind. Und hinterher sagte Jannis dasselbe …

Ich bin also Frau Potiphar, die den Jüngling am Mantel festhält …

Daheim sagte Jannis: Kein Brief verläßt dieses Haus, ohne daß ich ihn gelesen habe. Du hast genug Unheil angerichtet. Ich will die Achalm nicht verlieren wegen dir. Ich will auch nie wieder auf dem Küchenstuhl sitzen wegen dir. Ist das zuviel verlangt?

Nein!

Kein Brief verläßt dieses Haus … ich bin erwachsen. Ich lasse mich nicht beaufsichtigen. Weder von hier noch von dort. Noch einmal VATER? … apropos: sie sagte zweimal »er kann Ihnen kein Vater sein!« das fehlte gerade noch, mal Kind, mal Vater.

Lieber geht der Maat in Quarantäne. Gelbe Flagge heraus! Der Maat hat Lepra, Syphilis, sein »genaues Wort« muß in Quarantäne.

Nein Madame, ich wußte nicht, wer Grieshaber war. Als ich kam, sah, schmeckte, hörte, roch, fühlte, schrieb ich Ihren Garten!

Was eigentlich hat der Kapitän, das »Kind«, das Kapitän spielt, auf meinem Rücken ausgetragen??? Die Düsterkeit war mit Händen zu greifen, dagegen wollte ich anrennen, von »Blutauffrischung durch ein junges Paar« war die Rede, ich bin unschuldiger als ihr alle.

Immer diese abgedroschene Szene durch die Jahrtausende. Brunhild und Krimhild auf der Domtreppe zu Worms, Maria Stuart und Elisabeth im Park. Die Küchenszene: Ritter Paulet: »Ihr wart sonst immer so geschwinder Zunge/Jetzt bringet Eure Worte an, jetzt ist der Augenblick, zu reden!«

Maria: »O warum hat man mich nicht vorbereitet!« und dann der schiere Abklatsch, als ich sagte: »… Seht! Ich will alles eine Schickung nennen: Ihr seid nicht schuldig, ich bin auch nicht schuldig« – »Ihr Wort ist schuldig«, sagte sie, »Sie allein haben die Verantwortung …« Warum billigt man ihm zu, ein verantwortungsfreies Kind zu sein, weil er ein Künstler-Gaukler ist? …
Gerechtigkeit! Sie hatte Angst. Und sekundenlang sah man es. Klar, daß ich das bezahlen mußte. Wie komm ich dazu, Größe zu verlangen? Weil leiden gütig machen müßte? Weil es mich gütig machte? Angst macht böse. Es war ihr absolutes Recht, sich zu wehren. Sie ist normal. Nicht ich, meine Reaktionen sind abnorm. Ihr »Sach zusammenhalten«; sie hat nur das.
Tuaregs: ausgeprägtes Mutterrecht. Männerschleier …
»Er ist nun mal ein großer Charmeur. O ja, er kann schmeicheln, er sagt Ihnen Dinge über Ihr Aussehen, über Ihr Kleidchen, und dabei hat er nicht einmal hingesehn. Er weiß gar nichts davon, er sieht nur, was er macht …«
O ja, ich unterwarf mich ihr. Wurde das, was sie in mir sah. Tarnung. Sagte, während mir die Tränen herunterliefen, »nichts von alledem, was Sie für ihn tun, könnte ich. Er braucht Sie wie das tägliche Brot.« Das wisse ich. Nie würde ich mich dem gewachsen sehen, Ihr Kind, Ihren Berserker, Ihr Künstler-Ungeheuer zu versorgen …
Wie oft wird er mich noch verraten? Ihren Mißverständnissen preisgeben? So oft er muß, um leben zu können.
Ich habe ihn ja auch verraten. Aus demselben Grund. Damit wir leben können (alle vier!). Ich habe nicht gesagt »Ihr Mann könnte ein Drache sein, was kümmert mich das?«, ich habe nicht gesagt: »ja ja ja ja ich liebe. *Finden Sie sich damit ab.*« Ich habe gesagt: »Er gehört Ihnen.« Ich habe nicht gesagt »Ja«, als sie fragte: »Haben Sie jemals gelitten?«, ich habe *»Nein«* gesagt. Damit sie sagen durfte: »In welcher Welt haben Sie denn bisher gelebt? Dann wird es Zeit, daß Sie aufwachen. Leiden lernen.«
Ja Madame, es wird Zeit. Aber ich werde mein Leiden, wenn es am glühendsten ist, umschmieden in Glück. Mit all ihren Künsten kann Kirke mich nicht aus ihm, ihn nicht aus mir herausmeißeln:
»Heinerich, der Wagen bricht« –
»Nein Herr der Wagen nicht,
es ist ein Band von meinem Herzen,
das da lag in großen Schmerzen,
als ihr in dem Brunnen saßt,
als ihr eine Fretsche was's.«
Jetzt geh ich abwaschen   MAAT

Liebe Margarete,   1 – XI – 1967
unsere Alb fordert uns große Einfachheit ab, um den komplizierten
Albtanz zu vollführen. Spröde, versteinert, Ammonshorn und Teu-
felsfinger so lang her und so lang
Ihr   Γ
10ʰ Portobuch! Dank, wir haben zu gleicher Zeit versteinert!! Ich versteinere weiter. Ja, es ist so recht! Ich warte im Muschelkalk auf den
Tag. Versteinere alles liebste

Geliebter Maat,   2 – XI – 1967
es ist immer noch roter Oktober. Man sieht es den Plakaten hoffentlich an, sie sollen mit der ersten (geheimen) Post bei Ihnen sein.
Noch gibt es, wenn Ricca zur Schule gefahren werden muß, leise
Sohlen.
Versteinert wie wir sind, werden es nie heiße Sohlen für Sie werden,
nie mehr eine Küche. Das war gar nicht ich. Umsonst das Κομπολοι,
welches als Beschwörung an meiner Schreibwand hängt.
Ich bin noch so spät   Ihr Revoluzzer und verliebter   Γ

Αγαπημένη,   3 – XI – 1967
nie sah es jünger aus als jetzt mit den Plakaten der Kreterin, Dank!
Eben träumte ich, mein Zimmer, die Erde, mit der wir fahren, habe
eine Minute Aufenthalt, nur solang die Berührung x (hier) braucht
Ihr   Γ

Lieber Maat,   3/4 – XI – 1967
bitte streuen sie diese Blätter auf den Boden Ihrer Wohnung, um nur
einen Tag darüber zu gehen.
Ein Vers von Geibel: »... und Veilchen sprossten, wo sie schritte ...« fällt mir nur vage ein. –
Gehen Sie ruhig darüber hin, wir Egoisten sind nicht ohne feine
Unterscheidung, scheide, Scheidung treu. Damals als Sie rannten
und ich die Arme in die nächste Brombeerenhecke schlug, um mich
zu fühlen, wiederzufinden nach diesem Becken, das es hätte aus-
tragen können. Der »auf den Bergen niedergebrannt war« ...
Ihr   Γ

Sie sollen dieses wenigstens tun für den Kapitän. Soll ich mehr Blumen senden?

31 X 67
Liebe
Margarete!
Ihre beiden
Plakate
Rathaus
jene Macht
9.64.
Sie können aus
Ihren Gedichten
zum Teufel und
zum Totentanz

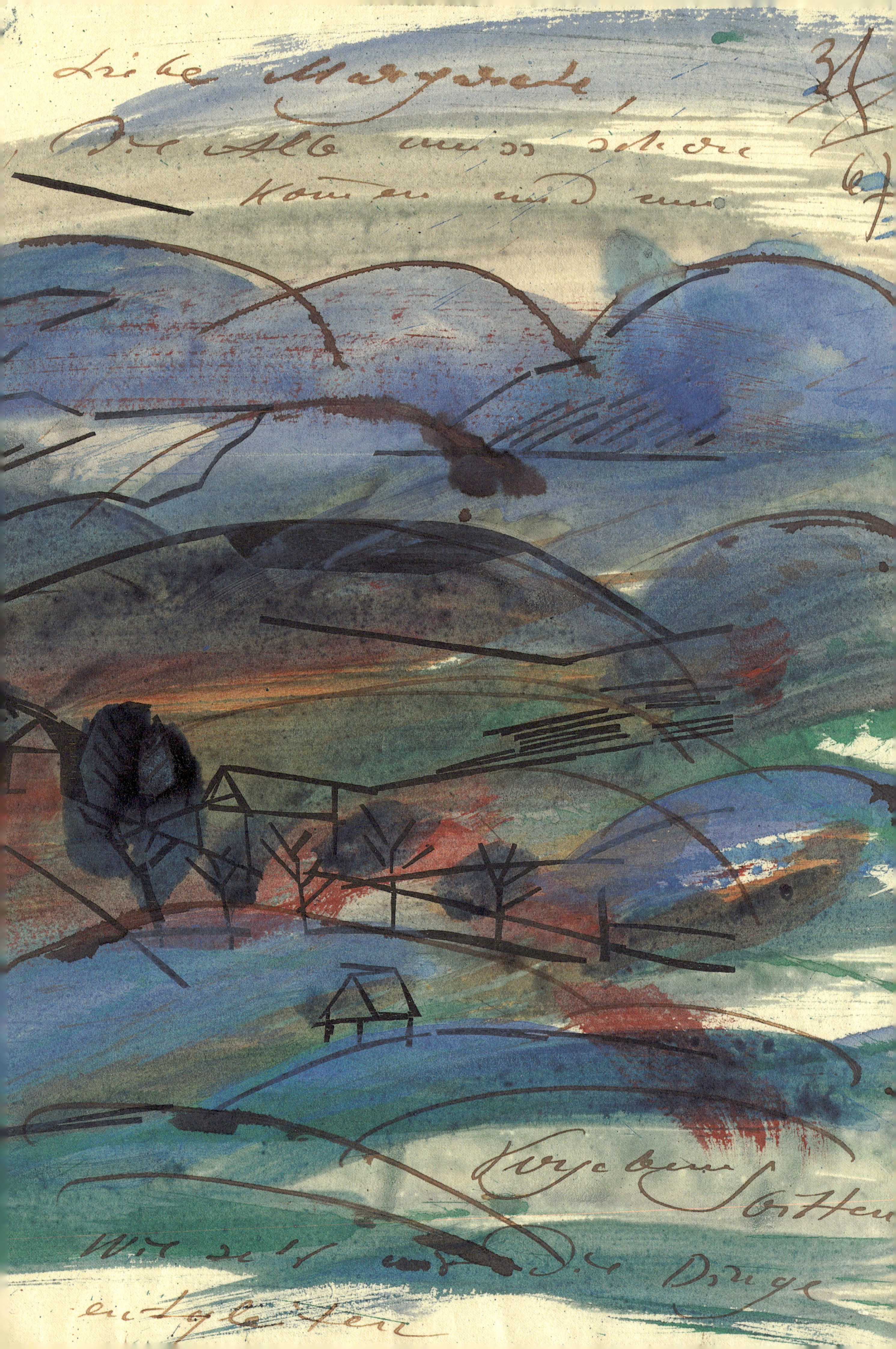
Liebe Margarete,
Die Alb

Liebe
Margarete

XII
87

unsere Alb fordert uns
grosse Einfachheit ab

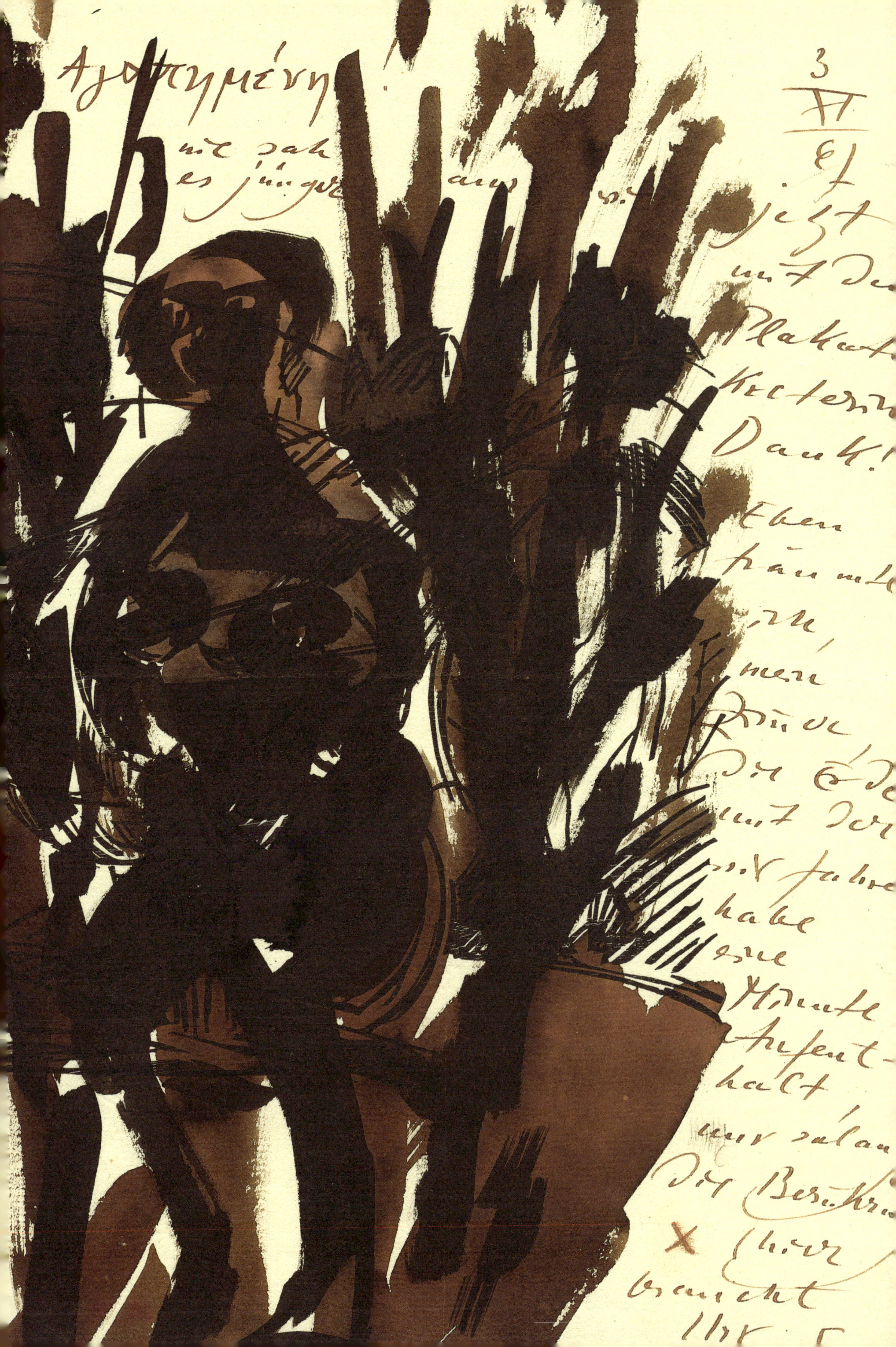

Lieber maat,   [ohne Datum]

ihr kapitan kann alles mit einer hand machen: schreiben, telefonie-
ren, nur 1 kann er schlecht, sich mit einer hand aus dem bett ziehen. habe mich sogar links – war immer links – rasiert und furchtbar
dabei geschnitten. schade hätte gerne mit diesem blut geschrieben,
tippen geht noch nicht – unsere technik ist weit hintendrein.
jetzt wollen sie mich zu 1 spezialisten schleppen m f und die kunst-
sammler. raffael ohne hände, dies kennen wir doch. gut, daß die
pragmata angewachsen ist, sonst hätten die damen von lesbos auch
die noch mit den stiefeln weggeschleppt. nutze die situation weid-
lich aus, bin autark und werde auch mit 1 telefonkabel bedient – so
es der gnädige herr wünscht ich wünsche aber gar nichts, nur post.
die hypertrophie der armkugel schränkt etwas den verstand ein, bitte
maat nehmen sie es wie es gemeint ist. der kapitän rächt sich, man
hört ihn nicht stöhnen, sondern tippen.
die briefe tuen genau das richtige in ihrem buch. was die alb macht
mit moränen, hagebuchen, seidelbast und maiglöckchen. die vul-
kane, der vulkan – sie – eruptiert mitten hinein. er ist die kunst. war
dieser ausbruch damals vielleicht genehm, er war nicht abzusehen,
sowenig wie meine briefe damals. ihre sind das gegenstück, gegen-
ständige blätter, ihr wort, das ist ihr malbrief.
dank dank dank   ihr   Γ

BITTE·

IH
MIKPO

ΡΟΣΑ

M von
Kreta
mit
gedichtete
Schrift
und
Farb
foto
zu
KAПHTAN

Margarete: Lieber Kapitan,   Mittwochmorgen   November 1967
es ist $^1/_2$ 4 in der Nacht nach Ihrer Operation, ich kann nicht schlafen, weil ich diese Nacht kenne. Und die nächsten Nächte. Ich bin
aufgestanden und hab das Griechenland-Tagebuch gesucht. Ab-
geschrieben, die Olympbesteigung (zwar kein Kaukasos, aber
doch …). Diese Tage im Olymp ließen mich die Nächte nach meiner Operation überstehn. Ich ging Schritt für Schritt in den Nächten
noch einmal. Machen Sie mit – Sie können nicht immer am Felsen
hängen!
Ihr mate, IO

Margarete: Kapitan,   Sonntagabend   5 – XI – 1967
so wie zweitausend Jahre lang das Kreuz ins Gedächtnis der Menschen gebrannt wurde (damit es die alten Symbole verdränge) von
ersten Ritzzeichen in den Katakomben (oder wo immer) über die
ganze Pracht aller Maler, Bildhauer, Holzschneider bis wieder zu
Ihnen. So wünschte ich mir den Prometheus-Felsen (zweitausend
Jahre Kreuzesintensität zusammengeballt, Stigma, Inbild) von einer
Hand, Ihrer, erschaffen: den, der daran hängt, der Vorchristus aller
vergangenen kommenden Christusse Urbild.
Seite 91:
»Kam einer her zum letzten Fels …«
dieser Ort müßte sein wie Golgatha. Das Zeichen
Kreuz = Christus
Fels = Prometheus
Seite 88:
vorgebildete Kreuzigung, inhumaner, weil dauernd, humaner, weil
der Mensch-Gott-Bruder (Hephaistos) noch nicht so weit verkom-
men ist.
(Im Buch geschrieben: humaner, weil beklagt, vom Bruder durch-
geführt – unmenschlicher, weil länger als Karfreitag.)
Aber ein sich nicht unterwerfender Christus, deshalb hinken alle
meine Vergleiche! Und wo er sich später unterwirft – handelt es sich
da nicht um Interpretationen? (Auch Asklepios ist ein Christus, von
der Mythenähnlichkeit der Völker abgesehen – warum sind seine
Stätten überall die zerstörtesten? (Außer Aphrodites?) Warum stehen Asklepios' Taten als Wunder in der Bibel?
Seite 89:
Lästerung am Kreuz! »Fürsorger« … steig herab.
Seite 91/92:
Welche Tröstung! Chor nicht als schiere Funktion, die Mädchen nicht
als Deus ex machina-Engel, leiblicher, sinnlicher tröstend als am
Kreuz!
Seite 93:
unten: hier stimmen keine Vergleiche mehr. Rein griechisch, wie er
schimpft, droht, erpreßt, Sühne fordert: Götter schmähen Götter!
(sieben Worte am Kreuz!) »Führst frei deine Zunge!«
Seite 96:
ei ei ei wo die Schillers gelernt haben. Und die Nietzsches (99)

Seite 101:

Es scheint die Titanen sind noch weicher als die Homerhelden – und wie sie reden! Eben Menschen. Ist Christus absichtlich als Gegenfigur konzipiert? Duldend ergibt er sich in den Willen des Vaters – konnte er das ohne die Vorauskunft seiner Vorgänger? Christus ohne diese Griechen? Wieviel Nicht-Orientalisches hat er von ihnen bekommen!

Seite 109:

»Weil du, ohne Furcht vor Zeus,/Ganz wie dein Herz es befahl ...« ich will ihn nur heidnisch sehen; die Kuhköpfige, besser Rindergehörnte an seinen Füßen die Fesseln leckend

Seite 100:

»beim furchtbaren Anblick/des niegeschauten unheimlichen Mischbilds/halb Kuh, halb Frau ...«

Womit wir bei IO wären. Der Partnerin. Der absolut Ebenbürtigen.

Seite 112:

Drama für sich.

bitte: wie sie zum Felsen galoppiert –.

Seite 115:

haha: »Wo von den Hörern man das Tränenzolls/Gewärtig ist, da harrt man gerne aus/Und klagt und weint sein eigenes Geschick.«

Soviel zu Härtling und zu Ruoff!! (Gegen-Applaus!)

Seite 116:

IO: »Es gibt für mich kein schlimmres Gift als wohlgestelltes Wort.«

Also doch nur Realismus angesichts ...?

Seite 132:

Ungebrochene chtonische Herkunft! Jammert zwar, doch der Versucher erscheint in keinem Augenblick als solcher (wie spätere Versucher)

Seite 118:

Warum schrieb nie mehr einer darüber? Und so viele Odysseen! Bloß weil sie eine Frau ist? – Ezra Pound, kann's aber nicht finden. Wünschte die Rindergehörnte so zu Prometheus wie die drei Marien unterm Kreuz, Stammütter des Christentums, aber man sagt von El Grecos Bild in »Espolio« (Kathedrale in Toledo): Die drei Marien stünden zu nahe, sie fesselten zu sehr die Aufmerksamkeit der Gläubigen und lenkten ab vom eigentlichen Thema, dem Leiden Jesu Christi.

»Hast Du nicht alles selbst vollendet

Heilig glühend Herz?

Hat nicht mich zum Manne geschmiedet

Die allmächtige Zeit«

Margarete: Donnerstag, 3. Mittag nach der Operation
Mein lieber Kapitan, 16 – XI – 1967
Neugeborene sind hilflos. Schmerzen machen hilflos. Ihr ⅂ ist es.
Deshalb, als Bett, als Schutz: Griechenland. (Auch als Prokrustes-
bett!) So vieles, alles wird gegenwärtig griechisch. Unsere vier Reisen (60, 63, 66, 67) bekommen seit August einen neuen Hintergrund.
Sie stehen anders vor dem Engel (in dem Sie uns zum erstenmal
nebeneinanderstellten!) und vor dem »Freiheit oder Tod« – und was
wird ihnen aus dem noch verhüllten Prometheus(plan) zuwachsen!?
Delos – damit wollte ich warten, bis Sie von der Fahrt ohne Maat
zurückgekehrt sind (die schwierigen Berge zur Vorbereitung): jetzt
die gebärende Insel: zur Wiedergeburt. Ach Kapitän, welcher Weg
vom unmenschlichen Olymp zur Glanzinsel! Was war das für ein Juni
1963 (und er geht noch weiter!). Durch das Abschreiben mit der
Hand wird er ganz neu lebendig – könnte er es auch für Sie werden!
Sie haben mir das geschenkt: eine Hand. Seit vielen Jahren benütze
ich nur die Maschine. Time ist money. Keine Postkarte, kein Gruß
an die Mutter mehr von Hand. Seit August lerne ich schreiben. Buchstaben von Feuer. Alles Glück, alle Unbeholfenheiten des Anfan-
gens, alle Verschwendung – neu! Auch die alten Griechenland-
gedichte! Neu, verschwendete Stunden, für Sie, für mich, für uns.
(Der Roman muß warten, ich noch zu kraftlos, im Gips.)
Bis morgen, übermorgen, immer! Ihr mate.

[ohne Datum]
die Winterpflaumen fallen herab.
Ich nehme sie alle in den Korb.
Mein Liebling, wenn Du mich haben willst,
brauchen wir keine formelle Hochzeit zu machen
Dein ⌐

Liebling, [ohne Datum]
Du wirst nicht krank, alles deutet nur hin darauf, daß Du wieder neu
in Dir selber ruhen mußtest. Etwas muß Platz machen, damit Du weiter schreiben kannst, die Ermüdung muß weg und Freiheit muß sein,
für die soll der Blut- und Schreibputz her. Du wirst nicht krank! Ich
beschwöre Dich. Ich habe Dich zu sehr lieb
Dein ⌐

[ohne Datum]

Meine Liebe, Deine Scherenschnitte sind echt aus Anschauung von Dokumenten und Fotos aus dem Weltkrieg und vom Vater her.

Rechts: Der Linolschnitt des Hitlerjungen Hummel kommt v. d. Naziafterkunst Elk Eber, Eichhorn u. a., das ist der große Unterschied. Vergib, die Schmerzen sind zu groß, Wiese nur Hintergrund. Bitte vergleiche den Picasso mit der Buchmalerei (es ist dasselbe), hänge beide nebeneinander, und Du siehst die Kontinuität, die durch den Hummel bzw. die Afterkunst des 3. Reiches unterbrochen wurde. Grund: Vernichtung des Ich. Aber ja, weiß ich, Jarl Krüger ist kein Nazi. Ich meinte, *so* stellt man sich heute (besonders in Film und Groschenliteratur des Auslands) *den* Nazi vor oder den Asphaltliteraten (Juden), der zum 3. Reich geführt hat. Ich liebe Dich wie man die Wahrheit liebt

Mon Dieu,   [ohne Datum]

Wilhelm Schwaner, der Mann der Germanenbibel, des Uplandbundes, des Deutschmeisterordens und des Volkserzieher-Verlags, Blutsbruder Deines Vaters! Er widerstrebt 1933 Hitler, 1936 wird sein Bund aufgelöst, das Vermögen beschlagnahmt, sein Blatt verboten, der »Volkserzieher« in den NS-Lehrerbund übergeführt, ebenso das Bundesheim der Volkserzieher.

(1913 durch das Buch »Unterm Hakenkreuz« finanziert.) Das alles trug Dein Vater 1939 »zur Pfingstzeit« mit sich auch herum (s. Widmung), was Kinder nie erfahren! Aber W. Schwaner hat es 1939 gedruckt im Selbstverlag!!!

verrückt und vier ist dreizehn! (1913)

PS   Der Direktor des Internats von Nani in England war auch Blutsbruder! noch!

Liebling   18 – I – 1968

so viel Liebe hat Dein Mut noch nie erfahren. Du hast geschwiegen und ich verstehe erst heute 18. 1. 68 7 Uhr was ich habe. Dabei hatte ich mich so angestrengt und das ganze Odol dem Pfauen zu trinken gegeben. Jetzt weiß ich erst, wie unzerstörbar Wiesen und Pfauen sind.

Ich liebe Dich noch mehr Dank   Dein   Γ

[ohne Datum]

Liebling, ich umarme Dich, ich drücke Dich, ich laß Dich nicht mehr los. Drum schnell zur Post, d. h. dem Portier, solange ich noch einen Portier habe

Küßchen Dein   Γ

UPLAND 12.11. 1921;

Walt Whitman:

„Der Kapitän!"

Von Dien,

Wilhelm Schwaner, der Mann
der Germanen Bibel, des Uplandbundes, des Deutschmeisterordens und des Volkserziehers

Aufrecht, Leutbruder Deines Vaters

9/1/68

Liebling
keiner darf
dazwischen
sprechen
solange
Du schreibst
Zwischen 6h
und 12h nicht!
Ich werde Dich
und mich
solange mit
Dein
allein

zugleich befreit, erstickt und verschlingt! Sex wird
hier in höchst moderner Weise ausgespielt.
In der Aera des Beat liegen solche Themen
in der Luft.
im Partner unterzugehen, das ist natürlich ein höchst
Für Heiterkeit sorgte
Helmut Günther

Es war ein
großer
Jägersmann
sein Mut
war groß
sein Back
war grün
und
wenn
die
Frauen
spazieren
waren
dann
liebten
sie
das
Grün

wann geht meine
Türe wieder
auf? C'est
ç a

l'un

purnuss
beim chlchlnneln

et

l'aut

mag

niemand

ehen

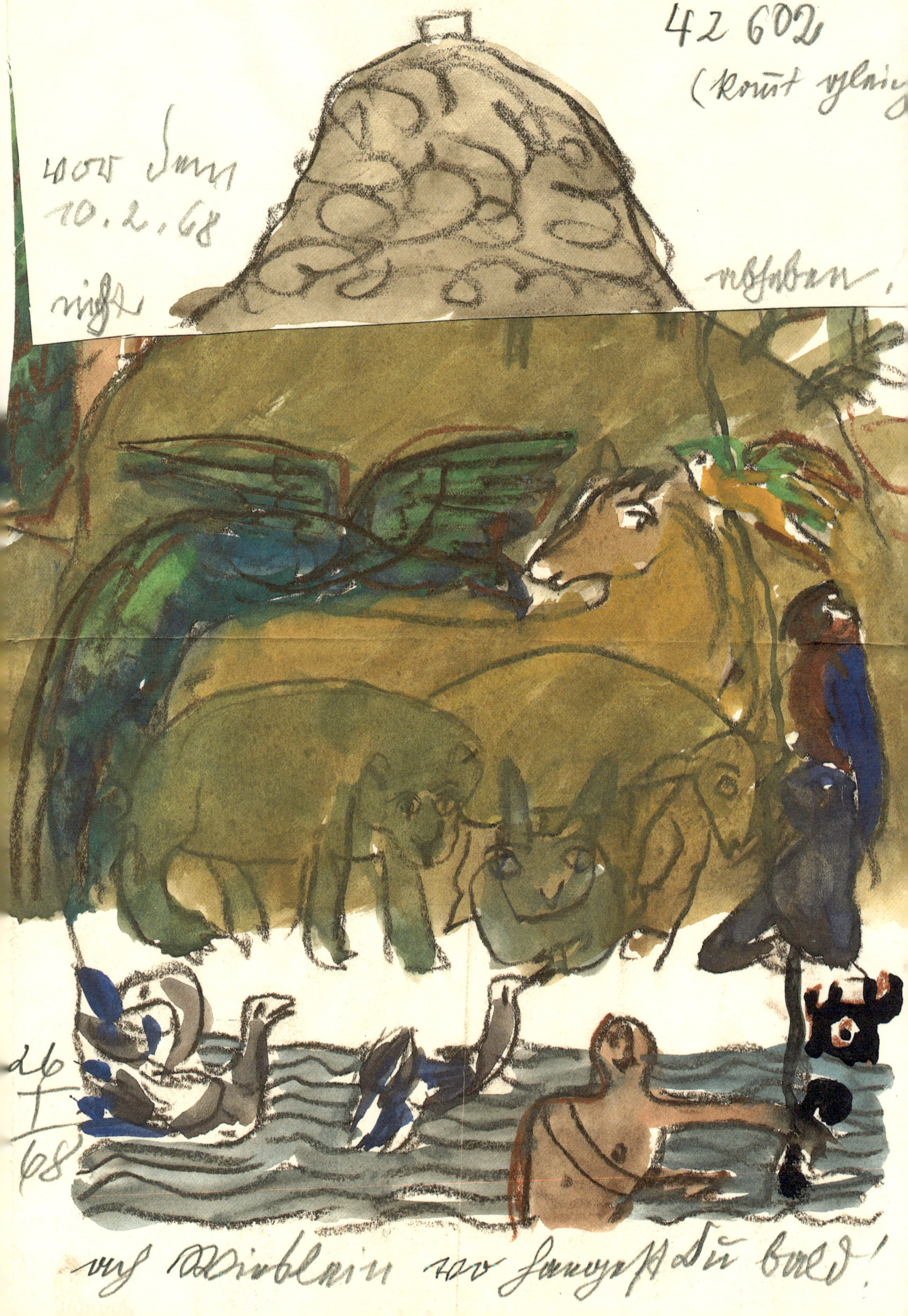

42 602
10.2.68
26 I 68

Lieben Wiesenblatt nehen, die Wiese ist viel
zu nass, das Wiesenschaum und das
Wiesenklee, die Wiesenglockenblumen
sind noch unterm Wiesenschnee ganz
vom alten Jahr versteckt. Ich grüsse
Dein ... ...

30
I
68

Dank für das gute Morgen
haben dem
unsern Kapitän

31 I 68

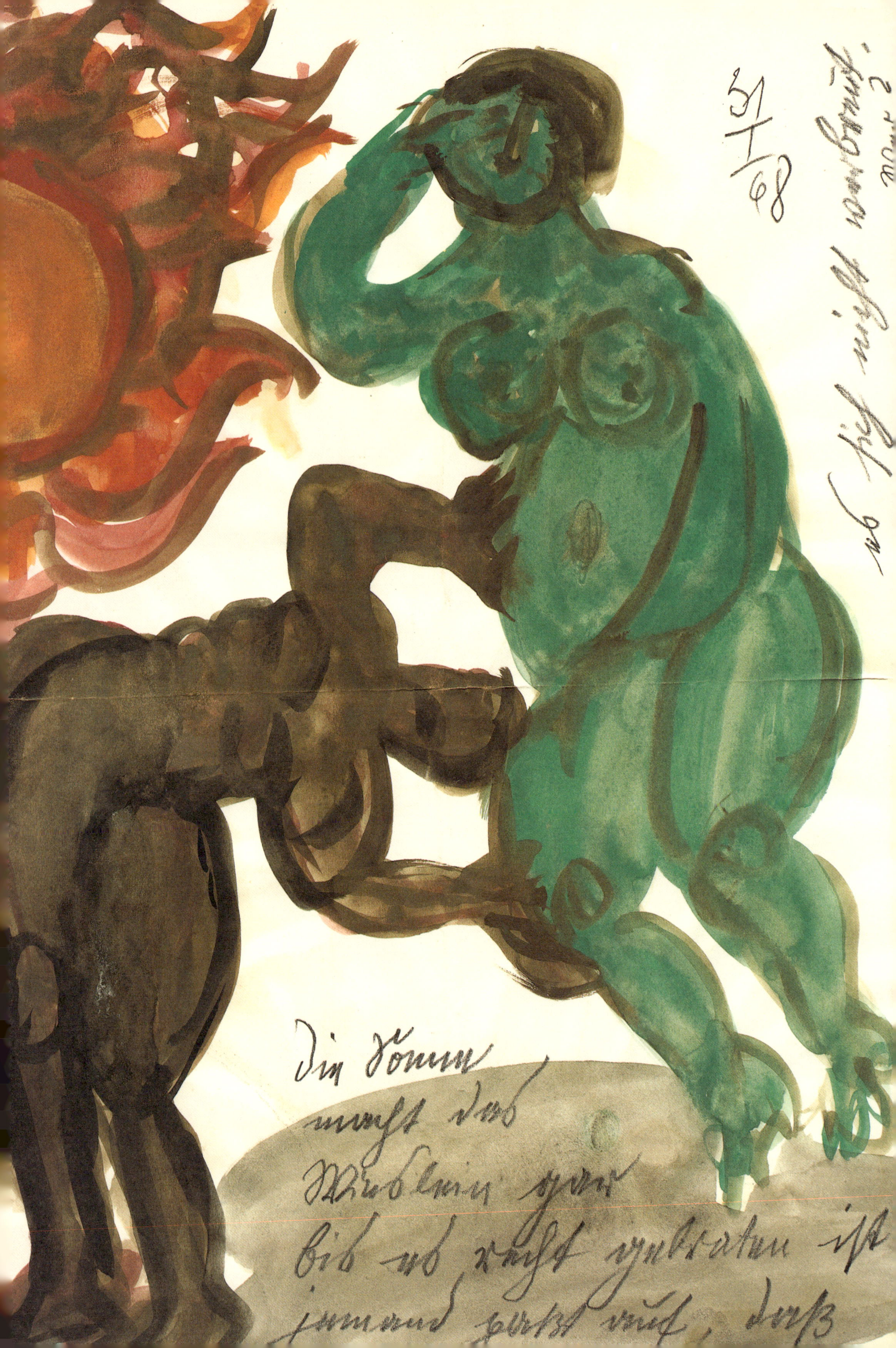

und immer ruft der Pfau!

Aber gewiß doch meine Liebste, es ist eine Häkelarbeit wie man sie
an Nachthemden auf der Alb findet. Das macht alles noch lustiger.
Trotzdem bin ich aber nicht abgeneigt, gerade dies gut zu finden … Ein Brautkleid vom Bäsle – warum nicht? Die Wiese hat eh
kein Kleid nur uns   ⌐ ⌐

PS   Dionysos, dem Fürsten über Leben und Tod, haben die Grie-
chen einen Bock vorm Sterben geopfert. Gott ist seine (des Gottes)
Lust, sagt Kazantzakis
Hand heute nicht gut, verzeih

Margarete: Die eine Achalm   Sonntagabend [ohne Datum]
            liebster Wiesenmut,
heute früh, als die Sonne kam, ich möchte es nicht zerreden. Und
doch mußt Du es wissen: Nichts seit dem Tag der Operation läßt sich
diesem Aufstieg vergleichen. Es war so viel kühner als meine Olympbesteigung in Kinderschuhn. Was immer Du dabei für Schmerzen
aushalten mußtest – ich merkte nichts davon. *Du hast mich auf Deinen Gipfel geführt* – die Summe aller Wiesenbilder. Als Du in der Klinik davon sprachst, vom Schlafsack, den Du einmal da hinauftragen
wirst für mich … es war das schönste Märchen, das mir ein Mann
erzählte. Und weil ich liebe, glaubte ich daran, Du könntest es in zwei
oder drei Jahren schaffen, Dich dort hinaufzuschleppen. Daß Du
mich hinauftragen würdest, als erste Tat nach der Heimkehr (Land-
nahme), läßt mich nie mehr an unserer *Wiese* zweifeln.

Die andere Achalm
Ach warum riefst Du nochmal im Hotel an! Als Du gegangen warst,
als ich ins Hotel kam, Tee getrunken hatte, weckte ich Johannes. Ich
saß auf seiner Bettkante im Mantel, er merkte wie kaltfrisch ich war
von draußen und erzählte das Wunder. O ja, Dein Freund Joannis
begriff es: unser – sein Kapitän – keuchend im September nach
wenigen Schritten bergauf – jetzt mit dieser Schulter nach dieser
Nacht dort oben!?! ganz ganz oben! Dann, als er frühstückte, Dein
Anruf: Dionysos. Er kam traurig zurück. (Begreifst Du: Dein Freund
hatte Dich beglückwünscht, daß Du mit mir auf Akrokorinth warst!)
»Er mußte es büßen«, sagte Johannes. »Schmerzen?« – »Auch«,
sagte Johannes, »auch Schmerzen. Aber die Frau war böse. Weil
der Kapitän –« (was? weil er dort oben war?) »Das ist ganz allein
seine Sache«, sagte Johannes. »Seine Schmerzen. Seine Tat.
Wenn er das nicht einmal vertreten kann – eine Tat, die ihm Kraft
gibt, eine Männertat nach der Heimkehr. Um die Frau zu versöhnen,
hat er ihr die Topfblumen gegeben mit einem nachträglichen Gruß
vom Joannis.«
Johannes wußte genau, was die zwei Töpfe bedeuteten. Als Du operiert wurdest, steckte ich die beiden Hyazinthen für unsere beiden
Geburtstage, fünf Tage auseinander, in die Erde. Schleppte sie über-
allhin, ins Dunkel, Kalte, Warme, Helle und zurück, damit sie nicht
zu früh, nicht zu spät aufblühen sollten, nicht sterben, nicht ver-
kümmern, nicht faulen … sie waren meine Schutzengel für Dich und
mich. Ich wußte nicht, welche Farbe sie haben würden und freute
mich so über das Blau – meins, Deins? Wäre eine gestorben, ich
hätte sie als die meine betrachtet, doch *beide* blühten wunderbar
auf, im richtigen Augenblick brachte ich sie Dir. »Das hätte er nicht
tun sollen«, sagte Joannis.
Hattest Du vergessen, wie oft ich Dir in der Klinik von den Hyazinthen
erzählte? Oder war es das einzige wahre Versöhnungsopfer für die
Tuaregs?
Verzeih bitte, wenn sich alles ganz anders verhält, doch Du sollst
erfahren, wie Joannis teilnimmt
Deine Margarete

Lieben Herzogenrath
zum Dank für drei
Monate Helfen, ein
Hochzeitsbild von eurem
Schumm   Dein
                          Schult

Ihr Lieben,   8 – II – 1968
herzlichen Dank, Ihr kommt zum Kinderfest! Ob es in Heidenheim
gut geht? Ich freue mich so sehr
Euer Kapitan Gris

PS   Lieber Joannis, Dank für das Gedicht. Alte Sachen müssen
auch gut sein, sind gut, wenn sie zum Alter passen. Genieren Sie
sich nicht! Mich machte es für eine Stunde glücklich, der Ihrige zu
sein

Margarete: Liebes Γ, also gut, ich versuch's   Ende Februar 1968
Prometheus, Titan, sich zum Menschen entwickelnd. Wenige Tage
nach der Operation, als die Nachtschwester morgens ins Zimmer
trat, stand Grieshaber, vom Hals bis zur Hüfte im Gipspanzer, vor
der Wand und malte mit der linken Hand seinen ersten Prometheus-
entwurf. Es war ETA, *seine* Wirklichkeit, gemischt aus Schmerzen,
der Trauer um Griechenland, Widerstand gegen heraufkommende
Götter, »Beschwörungen für den Arm und die Schulter«.
zu ETA: Der rechte Arm im Gips hängt herab, in der Hand ruht das
Messer, die geflügelte Schulter beschwört Hoffnung, dem gefesselten Prometheus bleibt allein das Auge. Es wiederholt sich im Strauß,
den die linke Hand hält. (Auf dem Nachttisch standen die Federn des
Achalmpfaus mit ihren Augen.)
Zu ALPHA: »Ich mach einen Pegasus«, sagte Grieshaber am Telefon. Später: »Das Papier war zu kurz, die Schmerzen kamen, da ist
es ein Drache geworden.«
zu BETA: »Der Drache hat viele Köpfe bekommen. Der griechische
König ist geflohen. Die Gymnastikchefin war da. Sie hat meinen Arm
bewegt …«
zu EPSILON: Es war am ersten Advent: Aus dem Gipspanzer wurde
über der Brust ein Fenster herausgesägt. Das Fell eines Achalm-
schafs lag vor dem Bett. Schwestern brachten Sterne aus Stroh.
zu GAMMA: »Er trägt den Vater«, sagte Grieshaber. »Der Fortzeu-
gende«. Ich habe nicht weiter gefragt. Zwei Jahre später begriff ich
es.
zu ZETA: Grieshaber wird von IO besucht. Sie erzählen einander von
den Dunkelheiten ihres Lebens.
zu DELTA: Rosen für den genesenden Prometheus

8 #68

Liebe Mama

zu Deinem Geburtstag wünsche ich Dir eine Woche und von Herzen viel Glück von Deinem Sohn

Alles Gute mein Junge

Liebe Wiese, 8 – III – 1968
falls es Schwierigkeiten beim Funk mit der Besprechung gibt, hier
rasch ein Brief, der Hilfe verspricht. Die Wiese hängt wie beim Zar
die Stiefel der Muschiks im Himmel. Ich flehe zu den Göttern, damit
sie herunter – herauf – kommt
Dein Riesenvieux

Margarete: Lieber Kapitan, März 1968
zuvörderst ein ganz privates, für Sie aber immer auch (zusätzlich)
gültiges kreatürliches? instinktives? Argument: Der Brief der Schülerin macht alles unbewußte, unmotivierbare Unbehagen am neuen
Engel zunichte!
Ob für die Studenten oder die gegenwärtige Politik schlechthin – es
läßt sich einfach nicht übersehen: Nur die Arrivierten nehmen im
neuen Engel Stellung; der Direktor, zwei Professoren (Sie!), die zwei
erfolgreichsten Künstler Deutschlands (Sie und Böll) – (falls diese
Klammern nötig waren!)
Eine Stimme von denen, für die der Engel gedacht ist (oder täusche
ich mich?) und die so besonders allergisch sind gegen alles Arri-
vierte, fehlt. Es gab sie bisher nicht, diese Stimme, keine, die sich
dem Engel gesellen ließe, aber jetzt wäre sie doch da, oder nicht?
(wie die Marschallin zu fragen pflegt). Vom Himmel gefallen, einge-
troffen, rechtzeitig, richtig. (Oder nicht?)
Und was für eine Stimme! Eine junge und doch nicht ganz junge
Stimme, gemäßigt, scheinbar frei von Emotionen, durchdringend
ohne laut zu sein, klar, nüchtern, intellektuell – eben politisch. Über-
zeugend, nicht überredend.
Was die anderen im Engel sagen (Bölls Text kenn ich nicht) ist doch
mehr oder minder neutral – Verzeihung – mehr oder minder hin-
reißend formuliert – Verzeihung – kompetent im Rahmen bleibend
heraustretend – Verzeihung – gibt dem Kaiser, was des Kaisers ist,
und kann ja auch gar nicht anders sein, denn Sie sind Sie und
Warnach ist Warnach und Gallwitz ist Gallwitz und Böll ist Böll: Insti-
tutionen.
Aber die Schülerin, die es nicht mehr ist, die mit allem, was sie vom
Professor, von der Akademie gelernt hat, ihr Leben füllt, ausdehnt,
kontrolliert – diese Stimme sagt ohne jedes Schielen (schiefes Bild,
eine Stimme schielt nicht): So ist es. Das ist für uns, die wir mitten
im Leben stehen, noch jung sind, aber nicht mehr so jung wie Studenten – die *Wirklichkeit*. (Meine Ausrufungszeichen!) Die Wirklichkeit von Warnach, Gallwitz, Böll, Ihnen, mir, ist doch wohl eine
andere – siehe der Ingenieur-Ehemann!
Dieser Brief ergänzt den Gallwitz-Beitrag, nimmt die »hommage«
weg und macht Sie zu nichts als zum Lehrer. Karlsruhe ist plötzlich
nicht mehr nur Karlsruhe; die Tür nicht nur die Tür des Achalm-Par-
tisanen, aus der die Klasse Grieshaber entlassen wird, sondern die
Tür, die gefordert wird, die Tür jeder Universität, aus der jeder Student heraustreten könnte, so, wie die Schreiberin des Briefes.
Mir ist klar, wie gefährlich dieser Brief für den Engel-Herausgeber
(und sein Publikum) ist, gerade im Hinblick auf den 28. Mai. Aber
wiederum weil es so ist, sollte es zumindest zu denken geben: Der
Engel erhält durch diesen Brief eine neue Dimension. Erhielte, Ver-

zeihung. Studenten – Gewerkschaften – Frankreich – Deutschland – Engel? (Ein bißchen freilich büßt die Heimat, unsere, ein – die Jungen, Ihre Jungen, sind international.)

Und die Gewerkschaften? Falls sie sauer reagieren – bedeutet das eine Katastrophe für Sie?

Andererseits: Kann man dem DGB einen gewissenhafteren Dienst erweisen, als (falls Sie derselben Ansicht sein sollten wie die Schreiberin) ihm so öffentlich, so eingekleidet in das Symbol mit dem Flammenschwert (nicht nur Benjamins Engel-Antlitz) zu sagen: Das könnt ihr tun, damit … Oder ihr sollt es wenigstens wissen, überlegen, wenn ihr es schon nicht tut … es ist ausgesprochen!

Sicher, es haben auch andere ausgesprochen, gesagt, mal so mal so: die Hydra weiß es in dem oder jenem Gehirnpartikelchen ihrer Köpfe – doch das war nie die Sorge des Engels.

Das ist meine – bitte zu korrigierende – Ansicht? Meinung? Empfindung? was für Klischeewörter.

Johannes hat sich nicht zu dem Brief der Schülerin geäußert. Lediglich zur Dutschke-Passage, die ihn beeindruckte.

Verzeihung, Ihr Maat

Liebe Margarete,   16 – IV – 1968
alles drängt zum günstigen Augenblick mit geflügelten Füßen eilt
der Frühling auf den Fußspitzen vorüber, eine Waage in der Linken,
die er auf der Jahreszeiten Schneide hält wie Ulrike. Deine vers-
aufweckende Locke
Helmut

Liebe Margarete,   23 – IV – 1968
Die Wiese, die Wiese
und morgen regnet es? …
Hart bist du Zeus,
lässest sie in Not und Elend und hilfst ihnen nicht
endlich ein Mann …   Dein Helmut

Liebe Margarete,   2 – V – 1968
besser ich versuche zu schreiben als anzurufen. Deine Hand führt
die meine. Du schreibst jetzt ganz neu (kalligraphisch), eine neue
Landschaft aus s ſ chts usw. Man kann gut Deine Lebensantwort
auf die gebundenen Männer herauslesen.
Entschuldige, das Haus ist voll. Die Kinder sind sehr schmutzig,
müssen alle gewaschen werden. Aus dem Auto fiel zuerst ein Buch,
dann ein Kinderstuhl und zuletzt ein Bauer aus England. Er sagt gar
nichts und ist auch sehr schmutzig. Furchtbar lieb sind sie alle. Mon
Dieu! Morgen kommt noch der Häusler dazu
viele, viele x + x
(Du weißt)
Dein h.

Liebling, Lady Hamilton und Nürtingen,   4 – V – 1968
Du hast mich wieder mal verzaubert mit Deiner Manöverkritik. Ton-
nen von dümmlichen Sätzen sind im Papierkorb gelandet
der Deinige schwimmt wieder, so wie ihn die Götter gemacht haben
(alle sind weg in der Stadt)   Dein h.

Margarete: [Mai 68]
                              Mittwoch und Du in Kandern, allein,
                 und ich ausgesetzt im totesten Punkt dieser Stadt
Helmut, Liebster,
der Vater am Klavier, mit mühsamen Akkorden, seminargelernt, Har-
monium imitierend, sang, was er für das neue Volks-Kunst-Lied hielt,
so inbrünstig, daß die sechsjährige Margarete es noch am Jüngsten
Tag vorsingen, nachsingen wird als ihr Glaubensbekenntnis. Die
Melodie, seit Jahren vergessen, war plötzlich (Ostersamstagheim-
fahrt) wieder da: genauso kitschig-edel wie der Text und trotzdem
sing ich's jedesmal, wenn ich zu Dir, von Dir fort fahre (während die
Mössinger Glöckchen leis …)
               Drum sag ich euch
               s'ist alles heilig jetzt
               und wer im Blühen einen Baum verletzt
               der schneidet ein wie in ein Menschenherz
               und wer dem Vogel jetzt die Freiheit raubt
               der sündiget an eines Sängers Haupt
               und wer im Frühling bitter ist und hart
               vergeht sich wider Gott der sichtbar ward.
Ich geb mir ja Müh … Hinterm Haus auf der Wiese sitzt der Jannis
in einem Boot und rudert. Es ist orangefarben, hat Platz für zwei und
kostet nur 120,– DM. Er ist glücklich. Jugoslawien im Juli. Er sagt,
wenn ich nicht mitfahre, bekommt er die Tochter nicht in den Ferien.
Liebling, ich will nicht mit, ich will nie mehr mit und schon gar nicht
nächstes Jahr nach Troja, wofür er jetzt schon lebt, arbeitet, ich will
keinen Meter weiter als Stuttgart von Dir fort, ich will Dich sehen
hören, in Deine Achselhöhle kriechen und nichts anderes mehr
fühlen, sein, immer, immer, was soll ich tun – die Aussicht auf zehn
Tage Meer ohne die üblichen Expeditionsstrapazen hätte mich
glücklich gemacht bis, bis   und jetzt gibt es nur ein Meer, in dem
ich baden will, Deine Augen, eine Landschaft, die ich ertrage: Dein
Gesicht.
Ich liebe Dich so   Deine Margarete.

Eben kommt Seite 4 Deines Manövers. Sie ist wunderbar. Es bedarf
nichts mehr, wir sind schon so ineinander verzahnt, daß wir kaputt-
gehen, wenn man uns auseinanderbricht. Du bist ich, ich bin Du, und
woher sollen wir Trost zum Leben nehmen, wenn nicht voneinan-
der? Ich ertrage das Gerede der anderen nicht mehr. Und wären es
Götterweisheiten. Ich ertrage nur Liebling Liebling.
Friß diesen Brief, verbrenn ihn!

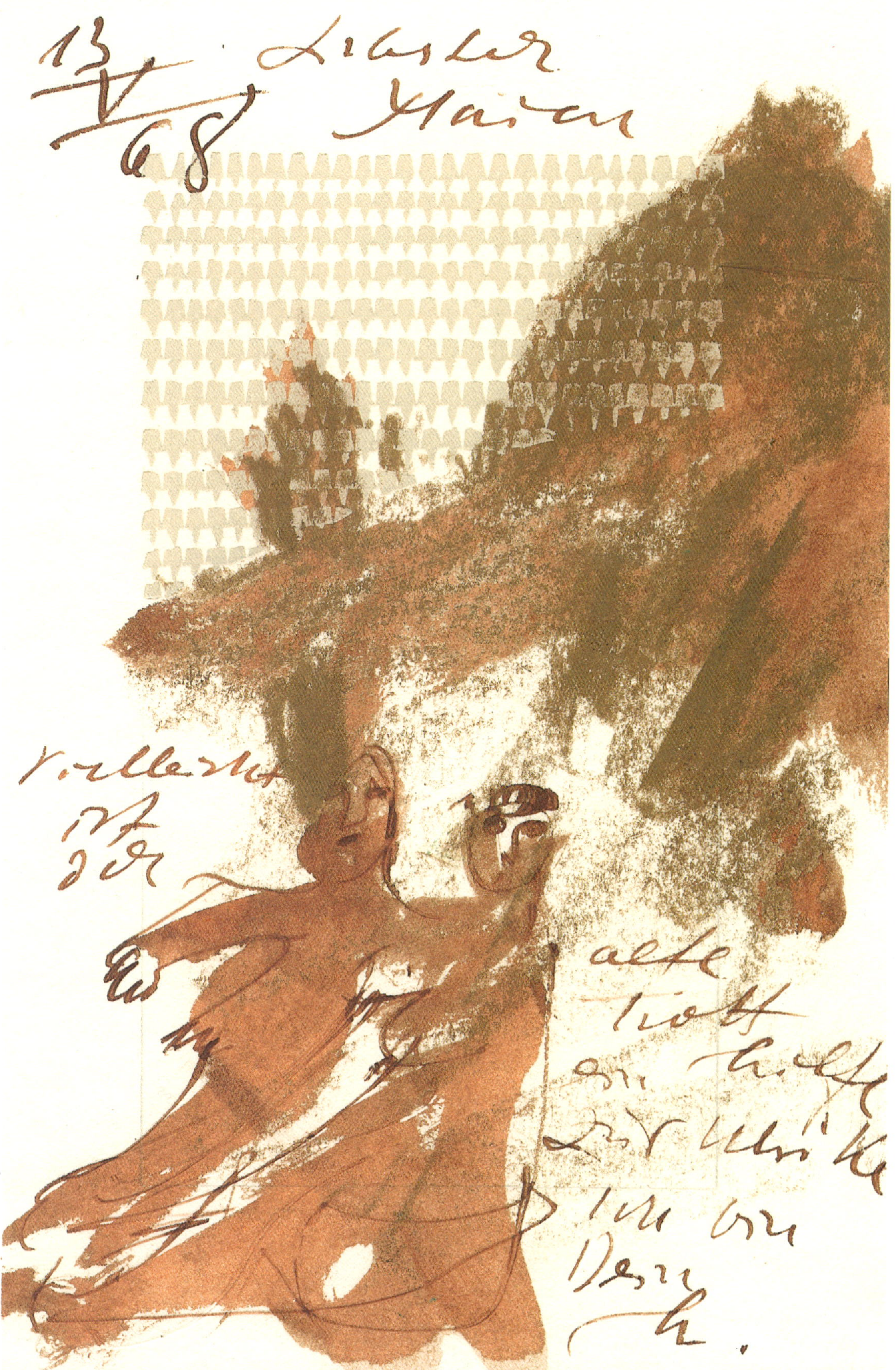
13 V 68
Liebster

Liebe Margarete,   30 – V – 1968
das Glück ist ein Rindvieh und sucht immer seinesgleichen. Unser
Glück ist brüchiger denn Glas, fester als der Fels, an den Prometheus geschmiedet ist, für uns wirkt die Zeit. Wir haben keine Geduld,
die Stromschnellen, welche sich hinter unserm Boot ergeben, ins
Recht zu setzen, sie sind uns gleichgültig.
Wiesen gibt es immer!   Dein helmut

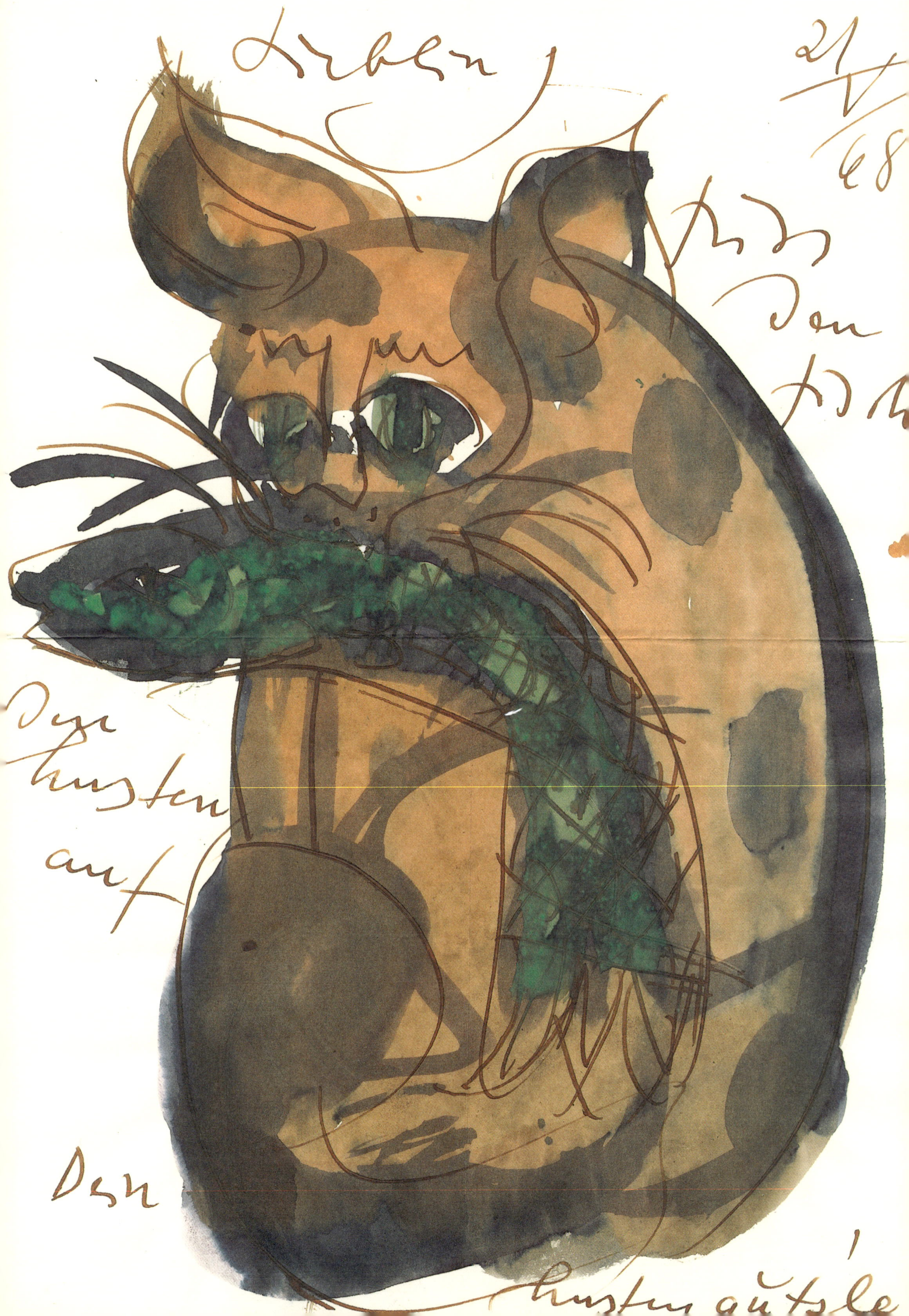
Lieben
21/V 68

30 – V – 1968

man muß schon Equilibrist sein, um auf einer schwankenden Leiter,
– vom schwankenden Untergrund ganz zu schweigen – etwas dar-
zustellen. Nur das Equilibre ist wichtig!
Salute   Euer Gris

5 – VI – 1968

Recklinghausen: bildungspolitische Diskussion beim DGB: Kein
Student auf dem Podium! Die Revolution ist nicht geladen.
Ist es nicht unsere Revolution?
Fahren wir nach Paris von Bruxelles, in die Sorbonne?   Γ

PS   Die KPF zeigt neben der roten Fahne die Trikolore! Mon Dieu!

Liebling,   6 – VI – 1968

nach Selb müssen wir auch einmal fahren, um den verrückten Hut-
macher (Porzellan Rosenthal) zu besuchen … Wir müssen ihm die
attischen Vasen, die er wie Ahnenbilder im Speisezimmer hoch-
hängt, runterholen. Das wird fein!
Ich liebe Dich!   Dein Helmut

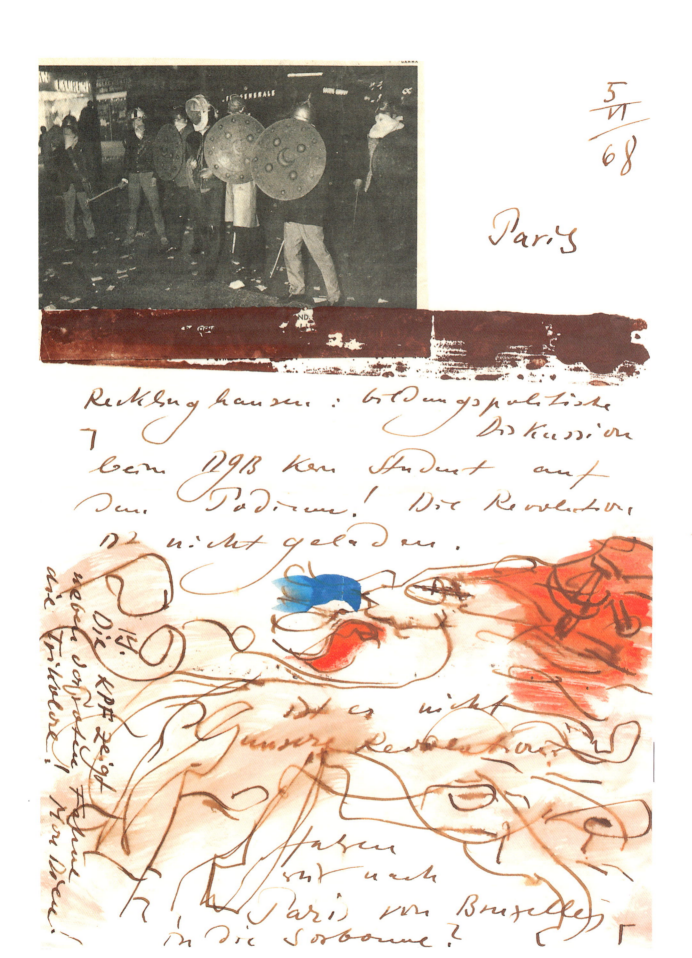

5/VI/68

Paris

95

Margarete: Helmut, Freitagmorgen Juni 1968

Belgien, Indolenz: ja, Du hast recht. Dieses Wort hab ich erst durch Dich kennengelernt. Immer wieder neu nachgeschlagen, je nachdem Deine Stimme dabei zornig, wegwerfend, traurig klang. Wie konnte ich Dir bloß meine Briefe von 1943 schicken, unkommentiert, bloß damit Du erfährst, *wem* Du das Belgien des Soldaten Grieshaber zeigen willst ...

Was verlangst Du von einem Mädchen, das am Ende ist? mit 22! Die Front, den Schützengraben, Blut, Angst und Tränen, das hatte sie daheim; einen Sohn, der Hölle abgetrotzt – nach dieser Geburt, nach wochenlangem Fieber und Abscheu fuhr sie nach Belgien, wie man in ein Sanatorium fährt: ja doch!

...

Die Front des Schützen Grieshaber war mir Erholung, Vakanz, Überlebensort, auch wenn wir durch verminte Dünen krochen. Daß ich geschickt war, den Soldaten Heimat zu bringen – das Kanonenfutter war's zufrieden; meine Alternative im Juni 1943: Rilkes Cornet und Jakob Krakelkakel zu deklamieren oder daheim zugrunde zu gehn ...

Ich fuhr mit der Absicht nach Belgien, nie mehr zurückzukommen, Französisch zu lernen, unterzutauchen, ins Maquis zu gehn. Soviel Phantasie war mir noch geblieben, bis zum letzten Fronttheatertag ein unablässiges Ringen: Ich bleibe, ich verlasse den Sohn, den Mann, die Mutter für immer. Die Liebesschwüre, die Freßorgien-briefe – nichts als Beschwichtigungen, schlechtes Gewissen; empört sich in Dir wirklich nur der große Kapitän, mein Kapitän, oder schreien da einzelne H.A.P.'s getroffen auf?

Natürlich ist das ganze komplexer: 22 im vierten Kriegsjahr, und die Trümmer von la douce France noch immer die Trümmer Frankreichs: alle Bücher, die ich schon als Kind verschlungen hatte, meine Träume von Versailles, Hannsmanns Unterricht über Allons enfants, mündeten in den Aufzeichnungen, was ich einkaufte, speiste, trank, wo, wie ich schlief, lever hielt, flanierte: jeder abgehende Feldpost-brief wurde kontrolliert. Proust darf man nicht nur ein paar Seiten lesen. Doch Französisch zu lernen ist schwer, wenn man noch darum ringt, die richtigen deutschen Wörter zu finden für das, was man sagen möchte. Und ohne Französisch kein Untertauchen. Eine Beziehung, o ja, hatte ich schon angeknüpft, zwei Belgierinnen nahmen mich mit zu einer heimlichen Versammlung, sie glaubten mir ganz einfach; »Erst Französisch lernen, dann dableiben« sagten sie. Doch ich bin nicht stolz darauf, ich weiß, was ich vertrat: Deutsche Wehrmacht. 2 : 200 Kollaborateuren. »Dieser von den Kakerlaken angefressene Raum« schreibst Du – meinst Du mein Inwendiges? Zwei Jahre Quarantäne reichten nicht aus, aufzuschreiben, was diese 22jährige in den flandrischen Schlössern, vom Pas de Calais bis zur Normandie verarbeiten mußte; sie begab sich in Gefahr und wollte gleichzeitig nichts sein als jung, ein einzigesmal sein wie die anderen. Die Kolleginnen. Zwei begabte liebenswerte Kolleginnen, die Geigerin und Sängerin, die Pianistin. Sein wie die anderen: macht das indolent?

Die Wegzehrung des Soldaten Hannsmann, nicht mehr frontver-wendungsfähig, für mich »Ihr seid die Schmarotzer in einem besetz-ten, ausgeplünderten, hungernden Land – Repräsentanten der

Naziwehrmacht – Kollaborateure nennt man die Einheimischen, die sich mit euch abgeben – Wär ich ein Belgier, ich würde euch, wo ich euch träfe, vernichten …« Bist Du zufrieden?

Die Tournee begann vor genau 25 Jahren damit, daß Solingen-Ohligs brannte, und mitten im Flammenmeer stand das Häuschen der Bergarbeiterswitwe und Mutter des Baritons und Tourneeleiters. Er und ich standen auf dem Dach und schlugen die übergreifenden Flammen aus, die beiden anderen Frauen schleppten Wasser. Von 5 Uhr mittags bis morgens um sechs. Dann war das Häuschen gerettet. Er hatte eine ruinierte Stimme. Ich Rauchvergiftung. Alles zurück nach Stuttgart. 14 Tage später da capo. Nochmals die teuflischen Abschiede von einem tobenden, prügelnden, aus Eifersucht dem Wahnsinn nahen Ehemann – steht alles nicht in den Aufzeichnungen.

Jedes Wort will eine Wahrheit sagen und die Wahrheit verschleiern. Jedenfalls danke ich Dir, daß ich anfangen kann, darüber nachzudenken, bevor wir beide zusammen in das Land unserer doppelten Böden fahren

ich erwarte nichts, kein Glück. Blas mich weg. Atme mich ein.   Dein

Liebling,   3 – VII – 1968

mit Nani, die Du auf dem Prospekt von 1955 abgebildet siehst, lebte ich bereits vorher auf der Achalm, im Jahr, vor dem wir geheiratet, 7. 2. 53, haben. Nani war zuerst da. Die alten Bernsteiner waren 1952 alle untergebracht und versorgt. Über das ganze hielt ich zwar die schützende Hand bis 55, reussierte jedoch weder mit Peter Härtling noch mit Fritz Ruoff, noch G. B. Fuchs. Es war auch nicht mehr ganz meine Sache.

Gewohnt auf dem Bernstein habe ich nicht lange. Zuerst eine Woche 1951, dann mal wieder eine Woche – vielleicht noch 14 Tage. Ich weiß es nicht mehr.

Herr und Frau Fürst, Herr und Frau Kruse, Lutz Greve, Katja Maillard kamen am 5. 6. 52 an (in Reutlingen). Da aber hatte ich schon für die alten Bernsteiner Ateliers etc. auswärts (Atelier Victor) gemietet. Die Puppenspieler Rudi Fischer und Isi Fischer kamen etwas später, auch Schwöbel

so war's   Dein h.

PS   Du weißt, warum ich plötzlich gezwungen bin über Rechte und Besitz nachzudenken.

PS   7 – VII – 1968, 8^h

es heißt übrigens nicht in der Bibel: der Mann verlasse alles, sein Schiff, seine Berge, seine Heimat und folge dem Weibe nach …

Die Achalm war *vor* allen Frauen, meine Erfindung   Γ

Liebling   7 – VII – 1968

Du bist gut, weil sie Jüdin ist, darf sie auch das Wort retten
wenn man nur schön geigen kann! Was für ein Gegensatz zu den
anderen, die nicht Wörter, sondern eine bestimmte Politik interessiert.

Wirklich Du bist gut und zum liebhaben   Dein   h

Margarete: Postkarte   Jugoslawien 17 – VII – 1968
                                     unterm Ölbaum, am 1. Mittwoch
                  bist Du heut auch am Meer? am Schwäbischen?
                            Wirst Du den Zeppelin sehen?

So einfach wäre das: Du steigst in den Zug um 8^{05}, die letzten Wagen
nach Prag, dort läßt Du Dir ein wenig Geld von Deinem Ostkonto
kommen, und damit steigst Du in den Bus, der direkt hierherfährt,
CSSR Braunkohlenkombinat … Sie haben alle nur ein kleines Köf-
ferchen in der Hand, wenn sie aussteigen – sind von einer Geduld,
wie man sie nur im Paradies erwartet. Dann bekommst Du ein Lein-
wandhäuschen, noch etliche sind leer, rechts und links steht ein kräf-
tiges Feldbett, darüber eins für unsere Kinder. Es ist dämmrig-dun-
kel drin – wo eine Tür aufgeht, sieht man sie sitzen, Hand in Hand,
oder sie streicheln sich, sehen einander in die Augen. Alte und
Junge. Deine Uhr verbindet mich mit ihnen, ich hab sie jetzt auch
nachts am Arm. Ich küsse sie, aber sie läuft nicht schneller. Sie
mahnt mich, die Tage abzusitzen. Sie mahnt mich, nie wieder solche Tage abzusitzen. Sie sagt unablässig: zu kurz, die Zeit, meine
Zeit, um sie zu verschenken. Ich will nicht braun werden. Ich will nicht
schlank werden. Nicht bootfahren, rudern, auf den Felsen liegen. Ich
will weiß und rund und alt bleiben für Dich, alt wie auf Deinen alten
Bildern, rund wie auf Deinen eigenen Bildern, ich will bei Dir sein,
bleiben.

7/VII/69

Liebling

Du bist gut, weil er ein Jude ist darf er auch das Wort retten

wenn man nur schön geigen kann! Was

für den Gegensatz zu den anderen, der nicht Wörter sondern eine bestimmte Politik interessiert.

Wirklich Du bist gut, und Zum lieb haben.

Rem

Liebe Margarete,   15 – VIII – 1968
lieber Yannis,
der Mensch ist zur Wahrheitsfindung nicht geboren. Bleiben wir bei
der Kunst, sie ist wenigstens schön
herzlichst Euer   Kapitan Gris

Ach M   21 – VIII – 1968
so naiv wie die Sonntagsmaler ist eigentlich gar nicht mehr erlaubt
Wo soll der Auftrieb noch herkommen? Alle wahre Kultur ist unschuldig!
Dein h.

Geliebter Klumpokopf

27
VII
68

⌐   5 – IX – 1968
es ist nichts Rechtes herausgekommen heute, außer dem rechten
Umschlag für das MS. Eine Antigone, die Beuys erlebt hat. Das können wir später für die Broschüre nehmen. Die Sonne scheint, Herr
Tod, ich möchte spazieren gehen mit ⌐
⌐   etwas reduziert

Margarete: [ohne Datum, Herbst 1968]
Liebster,   Dienstagvormittag, Benediktinerernüchterung
hier die Wand, II. Ein bißchen anders, als Du vorgeschlagen hast.
Aber bitte, auch das nur ein Vorschlag.
Der Anfang mit Kreon II: Ich möchte Antigone unserem Gast zuerst
das Testament von Rodin zeigen … und dann gleich … Jüng-
linge … scheint mir allzusehr in medias res. D. h. wenn es elegant
wäre, nichts dagegen. Aber mir kommt es unbeholfen vor. Nachtigall.
2. Antigone, einmal auf die Steine festgelegt (bis auf den einen Versuch am Anfang) müßte dabei bleiben. Stil! Sie weiß auch warum.
Sie beschränkt sich, um nicht zu toben!
3. Kreon I darf überall rein, dazwischen, wo es ihn jückt: bitte schön!
4. Abu'l Hassan – das wird zu viel. Durcheinander. Schon der Rodin
ist schwer zu verdauen. + Steine – 2 Ebenen reichen. *Dritte Ebene:*
das Leben ist kurz. Und der Tod ist groß.
⌐

⌐   23 – IX – 1968
auf einer abgeschnittenen Insel kann man nicht elender sein.
Scheißtelefon   Dein   ⌐

                                              25 – IX – 1968
umfunktionierte Dolche für Ulrike. Verbotene Spiele des Griechen
Samaras, der wohl als Kind im verlassenen Haushalt in die Küche
geraten ist
Ach-alm Dein   ⌐

103

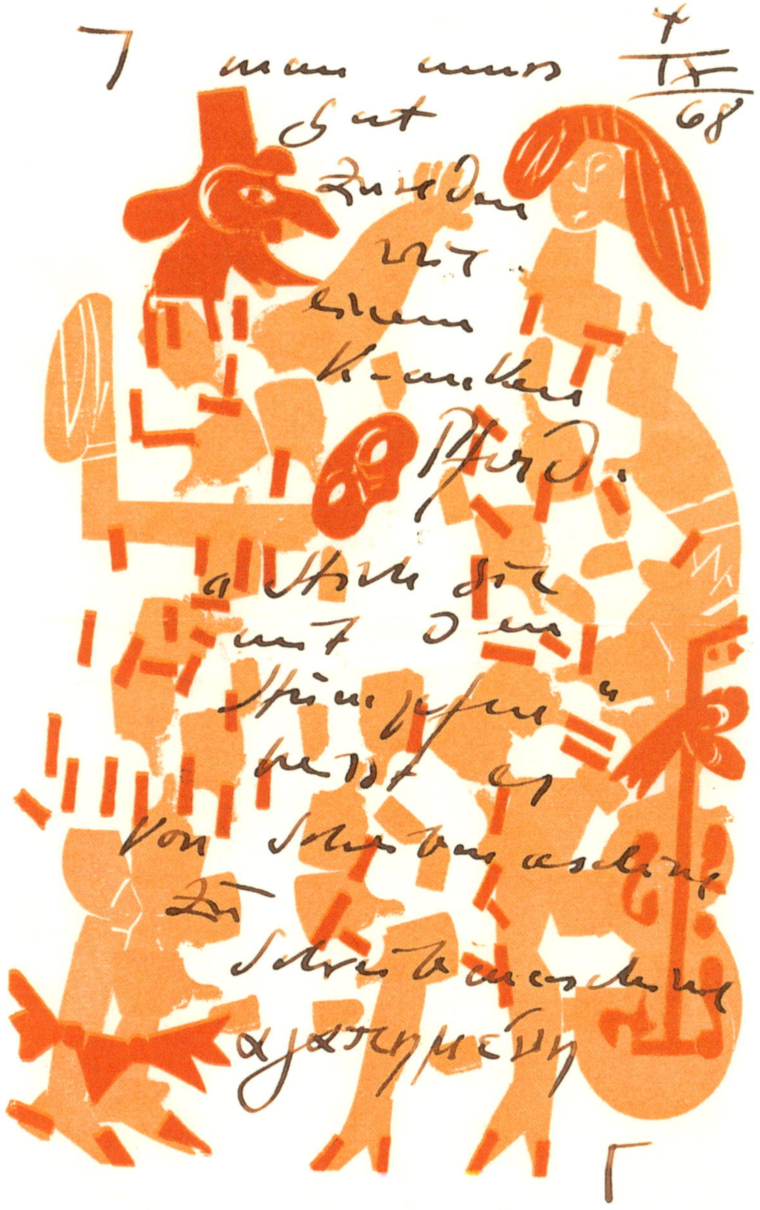

7

ich darf nicht
aufhören über das
Bild zu reden,

3
IX
68

Das ist vielleicht der
Schluss?

Ach ...

⌐   14 – X – 1968
sechs Wochen black-out, das ist ein dicker Hund! Vor den 4 Wochen
stationärer Behandlung evtl. 14 Tage Bad Ditzingen?
Die Blätter fallen. Und Tuaregs haben einen getippten Zettel hinge-
legt:
HERZ … KRANZ … GEFÄSSE
daraus ließe sich doch ein Gedicht machen, hast du es schon ange-
regt? Du natürlich klein geschrieben. Beim EKG II erfuhr ich nun,
was ich eigentlich längst gewußt habe: der schwarze Flügel hatte
mich gestreift, es ist ein Infarkt gewesen. Morgen oder übermorgen
ruft Bock an, er will dann noch einmal selbst sehen.
Oh weh, Dein Liebling ist Quax der Bruchpilot …
Denke immer an die Herbstblätter am Autofenster
Verzeih   Deinem h.

L. ⌐   17 – X – 1968
rasch den Warnach, dann die Spritze, dann der große Albholzschnitt
mit Lithokombination, dann Omageburtstag, dann die Tierärzte für
den Hund, dann Kohle für Bauch, dann schlafen, schlafen
für ⌐   Dein ⌐

106

Liebling, 24 – XI – 1968
vom Vrěnele einen Hippygruß mit Glöckchen. Warnach rief eben an
und fragte, was die Wand mache. Er sagt, Beuys hätte große
Schwierigkeiten in Düsseldorf und er sei der einzige, der ihn ernst
nehme …
Wollte an Yannis schreiben, da er von der Klausur jetzt gehört (durch
mich) hat, wird er nicht stören.
Ein einsames Schaf steht verlassen auf der Koppel, ich suche den
Schäfer (real) und bin
Dein treuer h.

Liebling, 29 – XI – 1968
die Mutter ist die Mutter, ist sie gut oder bös, das macht keinen Unterschied. Es ist nur einmal, wie wir selbst
das ist wahr!

Margarete: 2 – XII – 1968
Ach Rauhreif, meine Mutter ist großartig: Ich weiß nicht, ob ich sie
weinen sah seit dem Tod meines Bruders. (Über Jarl Krüger vielleicht. Du weißt noch manches nicht!)
Vorhin, als ich mich verabschiedete, war sie wie immer: nur Güte,
Besorgnis, Aufmunterung, Lächeln: »ängstige dich nicht!« – ich lud
das Auto, sie war im Haus geblieben, und als ich noch einmal hin-
aufblickte, bevor ich Gas gab, erst da, sah ich hinter der Fenster-
scheibe ihr Gesicht (sie hatte keinen Rückblick erwartet): es zuckte
vor Einsamkeit. Leid. Ach Rauhreif!
Deine ꓶ

109

ganz
lieben
Dank!
Γ

⌐   14 – XII – 1968
je nun, Mᵐᵉ Serevová tut in Prag, was sie eben kann. So sieht es
hier bei Schubert aus. »Je nun«, würde der abbé sagen, »wir haben
es mit Wehmut vernommen« …
Munzigs waren hier. Frau Munzig ganz in Leder. Sie kamen vom
»Stern«, der jetzt 10 Seiten Farbe bringen will,
»verflucht und zugenäht«, ruft der Ara dazwischen. Es war der Such-
tag. »Such nur such«, sagen die Albgeister. Ich fand natürlich nichts,
bin arm und müde, bis morgen mit Gruß an Yannis
Dein Γ

PS   Die Engel der Wallfahrtskapelle vom Rechberg blasen zum
Advent. Sie rufen. Noch einige Stationen und wir sind oben, bald,
bald

Liebe Margarete,   16 – XII – 1968
wie kann ein deutsches Gemüt grollend das Weihnachtsfest erwarten?
Ich sehe, Du willst lieber einen Schicksalsspruch haben, provozierst
ihn immerzu. Das ist nicht gut für Deine Gesundheit! Auch sind
Schicksäler nichts für Künstler. Leiden ja, aber nicht unfruchtbar.
Wie Du mir heute sagtest (am Telefon), läßt sich Yannis nicht pro-
vozieren. Er hat das Glück, es allein auszutragen. Die Achalm und
die Öffentlichkeit bieten da mehr Angriffsflächen. Schwer etwas zu
sagen, da meine Öffentlichkeit auch die Deinige ist. Als femme de
lettre nicht femme fatale meine ich! Also gehe ich heute zur Party
und auch noch zu den Architekten in Untertürkheim und wenn es
Katzen hagelt
Ich bin Dir gut   Dein h.

PS   Sanatorium bedeutet, daß ich mich dem Schicksal auszulie-
fern gezwungen werde. Einen Dreck!

Liebling,   18 – XII – 1968
noch wissen wir alle nicht, ob die elitäre Sache der »Form« weiter
vorgetrieben werden wird. Ob nicht der Inhalt die Form ist. An dieser Grenze zu stehen, das ist Dein Glück
je t'embrasse   Dein h

⌐   20 – XII – 1968
… es hat a frisch Schneele gschnie …
in Bausch und Bogen werfen wir alles zwischen die Stühle, der
Unseld, der Unhold soll uns dazwischen einen Platz geben! Er kann
aus 40 unveröffentlichten Aquarellen auswählen, sie zu Deiner Alb,
Deinem Prometheus, Deiner Wand auch noch haben
cela suffit   Dein Γ

Liebling,   24 – XII – 1968
zur Weihnacht gibt es nichts Besseres, als mit einem Freund wenigstens eine Zigarette zu rauchen
Godot ist es. Nimm einfach teil   Dein   h
und grüße Yannis auch

Liebes ⌐   Altjahrsabend 1968
nichts erniedrigt so sehr, wie wenn der Ruhm bei den Falschen liegt,
bei Beuys z. B.
Du stellst jetzt die Szene für 69
Ich danke Dir   Dein   Γ

Ach ⌐   3 – II – 1969
es hat ein frisch Schnee'le geschnien und es schniebelt noch.
Mein Türkenerpel ist bis zum Ursulaberg geflogen, habe ihn gerade
im Taxi zurückgebracht von dort, wo wir beide so gut den Schnee
kennen
Ich umarme Dich   Dein   Γ

Liebling,   7 – II – 1969
der 10. 2. ist Dein Geburtstag!
Am liebsten möchte ich Dich entführen … zum Staufen. Wir sitzen
dort kurz, und ich bringe Dich wieder nach Stuttgart zurück …
Wann kann ich am 10. 2. Dich abholen?
Dein   h

PS   Wir könnten sogar mit dem Taxi bei Deiner Mutter vorbeifah-
ren

Liebling,   8 – II – 1969
Du bist der Liebling, der es immer ist. Ich habe nur Dank für so viel
Freude. Aber Du machst es mir manchmal nicht leicht. Du erinnerst
Dich an zu viel. Nicht an die Alb, nicht an das Herbstlaub vor Deinem Auto. Nicht an die Pferdedecke, an den Weg im Hag. Nicht an
die staunenden Augen der Nachtaffen, nicht an die 3 Kaiserberge,
nicht an das happening auf dem Rechberg. Du erinnerst Dich an die
Kopfkissengespräche. Das aber solltest Du nicht, keinem Mann sind
sie ernst. Du bist da vielleicht dort angekommen, wo ich Dich mehr
fürchte als die Tuaregs
oh   Dein   Γ

Margarete: Aztekisches

Sie sagen
von mir erblinden die Glaskugeln
Kein Basilikum blühe mehr
unfruchtbar würden die Enteneier
die Ratten fruchtbar

Sie sagen
ich hätte den Schafen die Milch verschreckt
die Füchsin sei ich unter den Hühnern
der Marder im Taubenschlag

Geworfen werde ein Fohlen mit sieben Beinen

Sie sagen
die Krankheit bin ich im Katzenfell
in der verdorrenden Hausschlange
im Affen daß er sich selber frißt
im Ara daß er dahinsiecht

Sie sagen ich schone nur den Pfau
um mich in seinen Augen zu spiegeln

Von Nacht zu Nacht nehme ich der Agave
alle Blattspitzen ab

Und säße in dir und söffe dein Blut –

doch trage ich deine Perlen aus Luft
einen Ring aus geronnenen Worten

Aber du nährst mich zum Gipfel
der Pyramide
wo dein Messer mich schneidet.

⌐zum 15. Februar 1969 von⌐.

Liebling,   14 – IV – 1969
meine Picassos vor den Ratten gerettet. Die Wand wird langsam
ernst. Wenn Dr. Schneede nicht auf die Nachrichten antwortet, dann
oh mein Liebling   Dein   Γ

Liebling,   14 – IV – 1969
was die Ratten übrig lassen, ist fast so gut wie die Wand. Deine
Wand!
Es ist das Käsebrot der großen und reichen Leute. Sie haben Tauben zu Tisch, Orangenbäume neben Poliakoff
ich umarme Dich   Dein   h

Liebling,   15 – IV – 1969
Jörg Ratgeb und Dein Γ stehen auf
Es wird alles bald sehr gut mit unserer Wand
Dein   Γ

⌐   17 – IV – 1969
Das beschädigte Leben ist ein gesundes Leben bei Altmeister
Beuys.
Picasso, der vor 30 Jahren die Lüge veröffentlicht hat, konnte spä-
testens vor 20 Jahren in Deutschland gelesen werden. Das Insel-
büchlein erscheint in der DDR nicht hier!
Dein   Γ

Liebes ⌐   27 – IV – 1969
bei den Studenten ist die Niederlage vorauszusehen, der Irrtum ist
die leere oder nur beschmierte Wand, ein Irrläufer, der wie ein Sog
alle hineinzieht, so wird, so hat man sie besiegt. Die repressive
Befriedigung wäre das Ende der Phantasie.
Es lebe Deine Wand! Sie ist die Vorbereitung gewesen gegen die
Regression
Dein   Γ

Flugblatt von einem Kunsterzieher in Düsseldorf (!), der zwar mit
schlechten Begriffen, doch etwas sagt

Liebling, geliebtes ⌐   3 – V – 1969
nun weißt Du, warum Du Dein Haus geschmückt hast, wie ich schon
vorher gewußt habe, warum wir Wanderschuhe haben mußten. Jetzt
klingt es unglaubhaft, es war aber so. Jedenfalls dachte ich an den
Tod des alten Herrn und hätte Dich nicht umarmen können mit diesem Gedanken. Daran ist nichts Übersinnliches, vielmehr sinnliche
Gegenwart! Das mag Dir eine Hilfe sein, um ganz hier sich anzu-
siedeln. Rilke sagte einmal über Wolken auf eine Frage nach dort:
»sind wir denn dort? Oder hier?«
ich umarme Dich   Dein treuer Freund   helmut

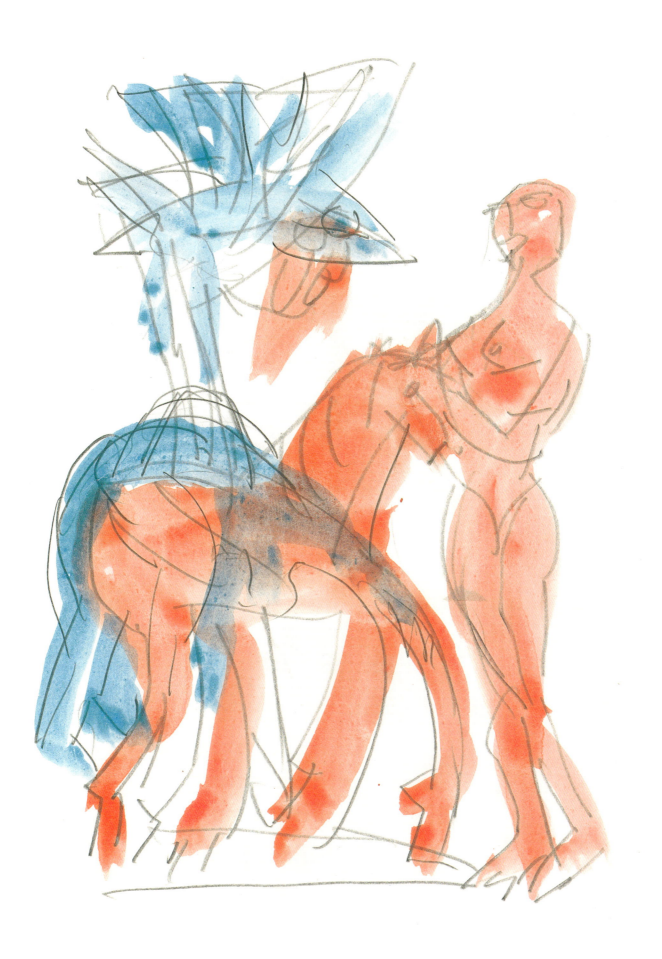

4/V
69

Das berühmte Aha-Gefühl
hat uns separiert
Der Tod ist nur un-
verständlich, das Interesse

Liebes ⌐   25 – V – 1969

Du bist wohl verwirrt gewesen heute morgen? Hast gleich alles zum
Fenster hinausgeworfen, da geht das Telefon nicht mehr: in emer-
gency case! Natürlich wußte ich nichts von der Reise Yannis. Die
Wirklichkeit trifft alle schwer. Plötzlich ist dann alles (Koffer, Zimmer
etc.) eine Metapher wie bei Dr. Schneede und seinen Hausfrauen.
Beim KV. handelt es sich nur um 3 Tage Verlängerung, nämlich so
lange, als die Kunstpreisjury dort tagt. Also nichts Öffentliches. Das
ist für die Ausstellung uninteressant, ob die Kunstbeschreiber von
Baden-Baden, Mannheim und Bochum meine Ausstellung noch
sehen. Wenn dadurch der Rücktransport der Leihbilder sich um
einen ganzen Monat verzögert. So lange müßten meine Dinge im
Depot dann warten, und auch der Stöhrer könnte dann nicht rechtzeitig zum Deutschen Künstlerbund nach Hannover gesandt werden. Hannover gehört schließlich zu unserem Braunschweig! Wie
überhaupt Walter Stöhrer zum Engel und zu meiner Konzeption als
Autor gehört und geschützt werden muß! Daran ändert weder Dr.
Schneede noch Vetter R. etwas, das liegt allein bei mir. Es ist der
Augenblick, der manchem anderen, neuen günstig sein kann, nicht
unterworfen. Unser Engel ist nicht ephemer!
Ich bin immer da, wenn Du Hilfe brauchst und genauso rasch weg
und unsichtbar (ohne Groll), wenn es Dir zu viel wird. Auf eines
möchte ich doch bestehen: die geistige Nähe soll nicht darunter leiden. Die Alb, ihre Wiesentäler (sie waren ja noch gar nicht), Deine
Glöckchen sollen mich immer begleiten, auch dann, wenn Du
jemand oder neue Lebensformen mehr liebst …
ganz traurig Dein treuer   Γ

                                            Pfingsten 1969

Kaurimuschel und Rokokovase, Bruchsal und Lindenmuseum
sagen Dir miteinander Pfingsten
Unser Engel kam zur rechten Zeit. Niemand wird es uns verzeihen,
recht gehabt zu haben
Dein Γ

Liebling, 5 – VI – 1969
das Auge Margarete in der Klematis schaut auf mich schon in aller
Frühe. Du bist heute (telefonisch) unerreichbar und Oma. Das ist
schlimm!
Aber bald kommt wieder unsere Alb: Holunder, Zikaden im Hag, ab
und zu ein Pferd mit gelber Decke für uns
Dein h

HAP Grieshaber [ohne Datum]
hat einen Bauch
ist 60 Jahre alt,
ist ein societycropper
hat eine Geliebte: die Kunst
ist nicht dazu da
um herumgereicht zu werden
und ist gern allein!
liebt M. H.!!!!!

[ohne Datum]
ach Liebling, ich könnte gut zu dem schweigen, was immer wieder
aus Deiner Umgebung kommt, habe doch bislang, bis zu Dir, nicht
dagegen gewirkt, wäre nicht es für Dich notwendig, Distanz zu solchen Verschleierungen zu bekommen. Gerne richte ich Dich immer
wieder auf, aber um es nicht allzu deutlich zu sagen, nehme ich eben
mich als Beispiel. Vielleicht läßt Du Dich dann weniger davon abbringen, dem Chaos (der Fantasie) vor der Form, den Ort zu geben, den
zum Anlauf jeder Dichter braucht
Dein h.

Ach ja mein Liebling, 9 – VI – 1969
ich bin an allem schuld. Nur Deine Rechtfertigung, die ist die Deinige; ich zwinge Dich zu nichts, Du kannst aus meinem Leben
gehen, ich bin schon gut zuhaus mit Dir. Können wir nicht etwas
dankbarer für die Stunden sein und es dem anderen kommoder
machen? Was, und wenn Du dieses oder jenes gibst, für wen human
und für was …
ach Liebling, das ist es doch nicht … Nur eines: alle Botschaften
müssen unter uns sofort übergeben werden, sonst ist es nicht wahr!
Dein Γ

˥

Gefühl ist alles – ich bin ungenau!

Was nützt es dem Chef des Generalstabs, wenn er nicht weiß, wo seine Truppe steht (Truppe schießt nicht auf Truppe), zu planen … vielleicht ist Werbung schon ein Verrat? Wer jetzt nicht seine Seele rettet, der folgt seinerzeit dem Befehl, auf seine Freunde (seine Landsleute) zu schießen. Hast Du mich schon dafür bereitet? Werbung gleich Abwerbung?

»Ich möcht mich unter Blumen schlafen legen und kein Soldat mehr sein!«

Für immer   Dein   Γ

Liebes ˥, ein Unseld macht keinen Arnim, sonst möchte er, wie jener das »Wunderhorn« »Grob, fein & göttlich« etwa so anzeigen:
Lebenslust heute
ist aber ein Industrieprodukt (das wissen die Funktionäre der DDR nur nicht so genau).
Bin gerade dabei etwas Pop in unser Buch zu tun. Und Du wirst zum Unhold gehen wie die Negerfrau:
Dein   Γ

PS   die Rosen der Schillereiche, das bist Du und nie der Mieterschutz!

10/VII
69

was der
Pfau so
vor meinem
Fenster
macht:
Männcha
!

Liebling,   9 – VII – 1969
die bei dem Staufer waren und deren Totenschilde in der Herrgotts-
kirche von Creglingen hängen, sind ausgestorben. Wie der (unser)
Altar dorthin gekommen ist, weiß man nicht. Da wohl keiner von
Hohenlohe mehr da war, werden es die Bauern in Würzburg bestellt
haben. Das gibt den Totenkränzen, der Folterung des Tilman, dem
Vergessen einen neuen Blick. Die Daten sind eng beieinander
5/10/15 Jahre? Dann fast 300 Jahre verborgen
Tausend und einen Dank
Dein   Γ

Liebling, 29 – VIII – 1969

Rudolf Mayer schickt eben dieses clipping aus dem Neuen Deutschland. Er schreibt wegen Böll. Als wüßten wir nicht, wie saudumm die Rosen für die Klarsfeld und der Brief an die katholischen Frauen sind, oder erwartet man in Dresden und Leipzig von mir eben solche Sottisen? Wie unangebracht das wäre, zeigt die Rückseite des Zeitungsausschnitts.

Die großen Wände von Stöhrer (für den Künstlerbund aus dem KV Stuttgart) sind nicht ausjuriert, sondern unterdrückt worden.

Mit DDR-Augen gestern abend den goldenen Schuß angesehen. Das ist ja furchtbar.

Habe Sehnsucht, auf die Alb mit Dir zu fahren, das ist es

Dein h.

Noch eine Marginalie zu den Rosen von Böll.

Ich denke, der dunkle Sack, die Anonymität unserer Massenzeit fordert einen bestimmten Stil, der nicht einschichtig, vielschichtig ist. So vielschichtig, daß der schizothyme Zeitgenosse einen Ansatz findet dazu, sich zu identifizieren. Zwar war es im Dritten Reich und trug das Pathos dieser Zeit: Graf Tojo, der japanische Gesandte (oder war es Marquis Saburo Inouye – nein es war Generalleutnant Oshima Kenderlich, japanischer Botschafter in Berlin), fand bei einem Gang durch den Tiergarten (mit Generalmajor a. D. Prof. Dr. Haushofer) in einer Pfütze das Foto des Tenno (des Kaisers) auf einem Zeitungsfetzen. Der Botschafter zog seinen Handschuh aus, fischte den Druck aus der Drecklache, wischte das Blatt vorsichtig mit seinem Ziertuch ab und barg es sodann an seinem Herzen.

29 – VIII – 1969

ach Liebling, hast Du in Deinem Vaterland auch 7 Mühlen stehen? Hast Du in Deinem Vaterland nichts als dürre haid … doch Quentelin wie heißt das Lied?

Es grüßt der Müllerbursch von Gruorn

Dein Γ

bin ganz verzaubert von einer Volksliederkantate (was es noch alles gibt)

Lieben, beim suchen
fand ich 2 Dokumente, die
Anforderung zum Wehrdienst
mit einer Zahlung der Spiegelung

der Kirche im Blumentopf 2. Abschied.
Zum andern eine Auskunft, die ich
noch haben muss. Ich lege Dir
Neil h

Gott Liebste,   5 – IX – 1969
habe auch den Yannis mit den Hörnern bekommen. Wie ist er schön.
Wie paßt er gut zu Dir! Da können solche Schweine, die nach Trüf-
feln suchen und die Erde aufwühlen, nicht mitkommen
Dein h

Liebling   5 – IX – 1969
le dieu corner ist ein junger Gott.
Was soll der vieux dabei?
Er trauert und bereut nie
salute Dein h.

Liebling ⌐ ,   7 – IX – 1969
muß Dir rasch noch Post von Deinen Lesern bringen.
Helene R. ist natürlich eine Bauhaustante und weiß nicht genau, auf
was es ankommt – trotzdem.
Ich bin wieder froh, Du schreibst, ich liege in der Sonne und die ödlö
Famöliö ist von den Spritzen leicht betäubt
bis morgen, Dein ⌐uru

Liebling
le Dieu
cornu
ist ein junger
Gott.

Was soll das
uns
dabei?

Es trauert
und bereut
mir
salute
Dein

1 IX
69

Liebling!

Ernst Bloch
hat seinen
Hut zurück-
gelassen

von sämtlichen
Griechen wird
ihn erben

ich fahre in
deinem Auto
literarisch zurück

man kann nicht genau
genug sein
wo Liebe in der
Luft liegt

ach ⌐   8 – IX – 1969
man kann nicht genau genug sein, wo Liebe in der Luft liegt
Ich bin Dein   ⌐

Liebling,   Sonntag abend   16 – IX – 1969
irgendwie bekommen die Leute meine Öffentlichkeit in den falschen
Hals. Das führt dazu, mich zu erpressen. Selbst das Atelier ist dazu
geworden, obwohl es unser Geheimnis war
ich versuche noch …   Dein   h

25
IX
49

Oh
Enzian
oh
Enzian
er ist
so schön
bei
gestern
zu sein
und morgen!
bleibt

3 XI
69

dr

in der
Angst
des Walfs   Den

Liebling, 7 – I – 1970

wir sind wirklich naiv, wenn man denkt, was wir von Reiner K. in Nürnberg uns versprochen haben. Wir hätten, wie Du immer sagst, ihn
totschlagen sollen. Ich bin aber, trotzdem Du über die Revolution
schreibst, nicht fürs Köpfen – im Gegenteil!
Verlorene Liebesmüh ist alles, was zwischen konservativ und revo-
lutionär sich sein Häuschen gebaut hat '… Du lieber Gott, wie lange
hat ein Maler früher an einem Altar malen dürfen …!

Liebling,   7 – II – 1970
mit Briefen, die nicht in den Malbriefen sind, ein ›mea culpa‹ für alle
Briefe, welche aus der Not kommen und ein wenig peinlich immer
sind. Verzeih. Wahr ist das Licht, das auf den Albrand fällt, auf unsere
Berge, die man immer erst von entfernten Gegenden aus sieht.
Da Ricca nicht mit nach Rot geht, wäre es gut, Du würdest das Buch
vorher (ach ja) auf die Achalm bringen. Wir leihen es nur aus, d. h.
deponieren die Story vom 60. im Schloß. Willst Du, daß außer Yannis noch jemand eingeladen wird, dann bitte bediene Dich der Karten.
Ich zähle die Tage wie die Temperatur des Wassers im Bassin
Dein   h

Liebling,   4 – III – 1970
die Korrespondenz mit Schwaner ist aufregend, besonders deshalb,
weil Schwaner Deinen Vater schon 1919 vom Antisemitismus
abbringen will. Es ist sicher bei mir in besten Händen
Dank   Dein   h.

Ach Margarete,   30 – III – 1970
auf der Alb liegt immer noch Schnee und morgen ist gleich April.
Ich finde den Josef nicht, ob wir ihn in der DDR gelassen haben?
Wie aber kommen die zu einer Frau Potiphar?
Die ist doch hier, aber ja   Dein H.

oh gewisser Liebling,   2 – IV – 1970
Du bist nicht schuld, Heißenbüttel bringt es an den Tag:
Die elitäre Zelle im Funk (kein Fremder kommt da hinein, auch kein
Gast), die Inzucht gewisser Autoren (ohne Maler, Ärzte, RA^e usw.)
alle im Funktopf zu haben. Ich hoffe, Du bist bald nicht nur ein
bestimmter, sondern auch mein gewisser Redaktor
Dein dich liebender   h.

PS   der Deine ist einer der wenigen bildenden Künstler die hinein-
dürfen.

Liebling,   4 – IV – 1970
den Uecker und den Pfahler sende ich Dir gewiß nicht, um wie ein
Schulmeister den Finger freudig darauf zu legen. Da Du beide Künstler in Verbindung zu mir erfahren hast, geht es wohl um die Information. Information ist immer gut oder Zwiebelchen sind auch immer
gut
Dein   h

Liebling,   8 – IV – 1970

nun sitzt er vor der Tür der Dürer. Er sitzt wenigstens. Wenn er auch noch stehen würde, mon Dieu! Es sollte wie seine Kaiser sein! Vielleicht ein gesamtdeutsches Unglück, wie das Wort. Konvergenz wohl nicht, eher sprengt der Holzschnitt die versuchte Übereinstimmung und meine Kunst.

Nie wußte ich so wenig, wie es weitergeht. Darum rasch zu den 3 Schülern. Nur halb so groß!

Was der Pfau mächtig in den Albhimmel dreht, sein Rad, das wird bei mir ganz klein vor dem Holzschnitt, vor Dir natürlich nicht

ich hab Dich lieb

                                                   21 – IV – 1970

Nicht weinen, bitte nicht weinen
Liebling, was für ein schöner Tag war es doch,
mein Herz ist über eine Wiese gehupft
Dank Dein   Γ

Liebling,   24 – IV – 1970
wer glaubt, *die* geben auf, der weiß nicht, wie es zum 3. Reich
gekommen ist, solche Leute tun nur so, als gehe es vorüber. Du hast
gesehen, was IG Metall dagegen mobilisiert hatte: nichts!
Sicher wäre falsch gewesen, laienhaft und akademisch zugleich,
was ein FDGB mit dem Verband in der DDR zum 8. Mai herausge-
bracht haben würde oder gar hervorbringen wird. Jedenfalls kein
Nichts, auch nicht Wasser auf die Braunschweiger Mühlen.
Biermann tut gut!
love   Dein   h.

Liebling,   26 – IV – 1970
der erste Baum blüht, und die Wand ist immer noch gut. Das ist natürlich kein Argument von Lattmann, das mit der DKP. Der VdS ist doch
kein Organ der Adenauerregierung oder irgendeiner Regierung.
Ich könnte übrigens da nicht Mitglied sein. Das ganze ist schon in
der Qualität zu unbestimmt. Wie bin ich froh, daß Du Dich an Walser
und Ausländer gehalten hast!
much love   Dein   h.

Liebling,   28 – IV – 1970
ich seh schon, daß es mir nicht gelingt, einen Nebelvorhang zwischen die Achalm und die Schillereiche herunterzulassen, wo das
Wort undeutlicher wird und auch die Figur verschwimmt. Ich dachte,
es sei zu Deinem Wohl. Aber Du willst es nicht so, da mach ich halt
meinen besten Dank. Es muß an Dir liegen. Wir verstehen uns da
manchmal miß. Ich ärgere mich ja auch nicht wie Deine Mutter darüber, daß Y. nicht auf ist, sondern daß er auf ist, wenn Du schon
müde bist. Aphrodite wär da halt nicht mehr da, weit draußen im
Meer. So etwa dachte ich, ginge unsere Fahrt weiter. Während die
Sehnsucht mit Deinem Liebsten noch in der Nähe der Küste vorsichtig manövriert, Du schon lang auf hoher See
Ahoi   Dein   h.

Liebling,   2 – V – 1970
bei Solschenizyn kann man trotz Realismen doch sehr viel finden.
Ein ganzes Kapitel »der Gang ins Volk« z. B. Das façit: »Der Schä-
ferhund hat recht, der Menschenfresser nicht.« Ich fühle mich auch
ganz wohl in meiner Gefangenschaft, die Du zärtlich bewachst
Dein   h

Ach Liebling,   21 – V – 1970
was war die Post heute schön! Und der Dürer ist fort. Ob die Fuer-
stin am Sa wiederkommt? Wir müssen nach Groß-Umstadt ins
Resopal-Werk gelegentlich fahren für Adam und Eva, solange es
an der Bergstraße noch blüht
Bald   Dein   h

Margarete: Liebling,   Mai 1970
bitte nicht mehr über Ulrike reden oder schreiben. Sie ist eine Fehl-
geburt. Der Roman ein Abortus von 500 Seiten.
Wann denn, wo denn, wie denn sollte ich das Monstrum zur Welt
bringen?
Laß es uns gemeinsam vergessen.
Dein ⌐

meinst Du, ich sei glücklich darüber?

143

Liebling,   1 – VI – 1970

der Mai ist nicht gekommen. Es soll aber nicht an ihm liegen. Weder
bewirkt das Frühjahr einen Hormonstoß noch tut es sonst etwas
dazu. Außer dem, daß die Wiesen trocken sind.
Hoffen wir es   Dein   h.

Liebling,   19 – VII – 1970

als noch vor meinem Fenster ein Obstkrüppel stand, der den end-
losen Astkrebs hatte und auf dem Misteln wohnten, als Ricca noch
ganz klein war – aber das habe ich schon erzählt – kam ab und zu
ein Buntspecht und hämmerte am alten Baum.
Nie gelang es mir, ihn dem Kind zu zeigen. Es war zu laut. So hieß
es meist – Du kennst es: Specht gewesen.
Dein   h

Liebling,   25 – VII – 1970

gratuliere zu der neuen Freiheit! Du bist also nicht mehr die Thea-
tersuse für die Germanisten. Dein Telefon steht etwas länger still.
Du kannst Dein Süpplein selber kochen, und selber essen macht
fett.
Nein, ich werde nicht mit dem Kastle herumziehen. Auch nicht mit
Dir in die Vorstellungen gehen. Ich will wie seither Natur und Thea-
ter getrennt haben. Gewiß werden wir immer uns auch die Natur-
theater von außen ansehen. Das genügt. Es entspricht der neuen
Situation der Automobilisten, den get-away-people. Manche dieser
Leute wollen sich gerne informieren, bevor sie in eine schöne
Gegend fahren, wie man dahin kommt, ob es durch den Wald geht,
ob nicht ganz in der Nähe ein modernes Schwimmbad ist, und natürlich wollen sie auch wissen, was und wie gespielt wird. Denk an
Scheller und Frau. An das Plakat in der Gastwirtschaft unterwegs.
Und wie recht hat Dr. Birkenhauer und der Vetter Reinhold, das
Ganze zum Familienausflug zu zählen. Was heißt übrigens »Sau-
regurkenzeit«? Die Ferien sind für die meisten ihre eigentliche Zeit
im Jahr! Das Kastle ist doch nur für den Lokalkolorit, was interessiert den, der entlangkommt, die Meinung des Dorfschulzen. Die
kommt viel besser in der Mischung von Laien- und Theaterspiel zum
Ausdruck. Und da weißt Du Bescheid! Also Natur, wie wir sie haben:
Heimat entdecken. Vielleicht machst Du einen Vorspann, der dem
Redakteur Winkler zeigt, wo es in Zukunft entlang geht. Sagst einmal das alles, was Du in den vielen Jahren links und rechts der Auto-
bahn ausgestreut hast: Bühnenluft.
Irgendwie wissen die Fünke schon, daß ihre Sache schemenhaft
geworden ist. Nur was die Jungen bringen, die Posters von CHE und
Rosa sind ebenso schemenhaft wie die Bildungs G. m. b. H.
mach's gut!   Dein   h.

Liebling,   17 – VIII – 1970
der Vater von Ilse brachte eine Wieselfalle, die er selbst gebastelt
hatte. Ein Riesending. Ein Wiesel muß immer die Freiheit sehen,
darum ist es eine Doppelfalle. Ricca und ich warteten, sahen einen
schlechten Fernsehfilm, und dann kam das Wiesel. Kam, schaute
über den Bücherschrank, schlug die Volten mit den Tapperli und ver-
schwand in Richtung Midasbrei, der in der Falle wartete. Wir auch.
Aber es geschah nichts. Dann kam das Wiesel zurück. Es hatte ein
Stück Buchrücken (ich konnte den Titel nicht lesen) im Maul. Dann
kam es wieder. Wieder sah es über den Schrank, machte die Bogen
und Tapperli und dann fiel die Falle. Es fraß erst alles auf und schlief
dann ein. Um 4^h heute morgen fuhr die Falle mit dem Wiesel hinter
den Georgenberg. Hinter die Achalm wäre nicht gegangen, da Wiesel leicht zurückfinden. Es sei, sagt Ilse, einen Baum hinaufge-
huscht. Es sollen 5 Wiesel sein, dazu noch 2 dunkelgraue. Eines hat
Schlappohren. Man weiß natürlich nicht, ob sich die Familie schon
getrennt hat. Ob sie zum Giebel gezogen sind, wo die anderen Wiesel wohnen. Jene Wiesel sind nie in die Stube zum Fernsehen
gekommen. Sie töteten die Tauben und die Hühner. Man kannte sie
nur vom Krach, den sie machten. Na ja, uns kann es egal sein, wohin
die Wiesel ziehen. Aus Familienstreit oder Abenteuerlust. Hauptsa-
che, sie fressen den Goethe nicht ganz auf. Schließlich bin ich Mitglied der Goethegesellschaft in Weimar. Das ist sowieso ein Acht-
sacht und DDR-Ding.
Ich umarme Dich   Dein   Γ

                                          erst Dienstag 18 – VIII – 1970
ach Liebste, wie müssen wir gut sein, um anständig zu warten.
Auf der Schanz ein Trauerhans. So lange gar kein Schwäbisch, einfach koi Mensch, koi Menschle, koi Göschle
nonz ond nomal nonz   Dein   h

oh joy Liebling,   20 – VIII – 1970
ja es freut mich, wenn die Schillereiche lebendig ist. Du kannst sogar
Paramenten tragen, ohne daß es jemand verbieten darf. Bleib weiter unabhängig, laufe lieber Meilen, um eine (Kamel – Du weißt
schon) zu rauchen. Nicht ein Kuchen sein! Trennen, unterscheiden,
das ist Fortschritt. Nazis sind keine Faschisten. Sie haben nur mit
der Zeit genau wie unsere Süßen faschistische Methoden angenommen. Nazi ist eine provinzielle, weltunbrauchbare Mode aus
Jugendstil, Deutschtümelei, abgelegten Socken der Bourgoisie, die
das Kleinbürgertum aufgetragen hat. Die heutige Mode ist zwar welt-
läufig, gar nicht deutsch, eine Mischung aus négritude und Zivilisa-
tions-Ekel, aber die Süßen bedienen sich derselben faschistoiden
Mittel. Hebe nur alles auf, was aus Heidenheim kommt. Auf den
Umschlag (den dialektischen) kommt es an: auf die Seite im Tagebuch Deines Vaters, wo der Strolch (heute Manson) Jesus Christus
wird. Übrigens, Du kannst nicht entfliehen, man lebt mit der Provinz,
mit den Stühlen der Reutlinger und den Hütten. Da alle (auch die
letzten Nazis) heute faschistoide Züge haben, war es unschuldig
kühn von Mexiko, den vieux außerhalb des Geheges Kunstöffent-

lichkeit herumlaufen zu lassen. Das ist der »Ladentisch«. Ich bin gespannt, ob die Literaten mich vom Buchladentisch fegen … Bei P. taten sie es natürlich nicht, er lag gar nie darauf. Wenn »Grob fein & göttlich« vergriffen ist, warum nicht sofort die 2. Auflage?
Darum geht es   love   Dein   h.

31 – VIII – 1970
endlich haben wir die blaue Mauritius von München   ⌐

⌐   3 – IX – 1970
poetica   Du hast es realisiert, schicke Dir ein schönes Gewand mit Dornen wie Brennesseln
das ist der Ruhm
Dein   ⌐

Liebling,   5 – IX – 1970
siehst Du, allein Treue hat einen Wert, Treue zu sich. Ich meine nicht die bequeme Versicherung, einander nichts zu tun, sondern im Leben stehen lassen, was da eben steht: Jungmädel und so … Du siehst es auch daran, wie man eine Sendung verfolgen kann bis zu den Konservativen im Rhein. Merkur. Dabei sieht man erst, was bekämpft und vergessen wird, die Ideen, die dahinter stehen, hinter den Aktionen. Auf diese Interpretation kommt es an! Dazu ist Sprache und ist der Künstler da. Wie kommt der kleine Schloßplatz, kommen die happenings, alles, was nur lallt, zum Ausdruck? Sicher nicht dadurch, daß man den äußeren Schein bewertet, abstoßend oder schön findet, vielmehr, indem man dahinter entdeckt, im *Jetzt* entdeckt, was von jeher damit gemeint gewesen ist. Auf die Strukturen kommt es an. Es sind dieselben beim kleinen Juden wie beim Jungmädel, beim Neger usw.
Lauf Mädchen lauf   Dein   h

Liebling,   6 – IX – 1970
der Drachen ist eingezogen, hinabgezogen ins Dorf. Es ist immer noch schön. Wir werden als Bischof und Bischöfin nach München gehen in Gewändern. Vielleicht aber auch nur zum Automaten, um eine Schokolade herauszulassen. Wir haben dafür – für den Schleck – eine Gnade.
Auf bald   Dein   h.

Liebling, 7 – IX – 1970
der gestrige Sonntag zeigt, wie notwendig ist festzustellen, wann es angegangen hat, kriminell zu werden: mit den Flugzeugentführungen, mit den Nazis, mit den hippies. Die Seite im Tagebuch von Gotthold Wurster ist wohl der Startpunkt. Die Aquarelle aus dem 1. Weltkrieg sind es nicht. Sie sind nicht dilettantisch, eher artig akademisch und gar nicht böse. Die erste Entführung war wohl eine Flucht aus einer Diktatur …
Ach ja, Joseph wurde auch entführt – Antes ist fein. Er hatte Glück, es kam mit 60 Pfennig durch. Eilboten (ohne Strafe). Gib es bald zurück. Wir haben viel zu tun, denn die Antwort von Antes, so gut sie ist, ändert nichts. Wir wollen aber die Welt verändern durch Claassen *poetica*
Dein Γ

Liebling, 9 – IX – 1970
Dein Krokodil weiß aber auch gar nichts. Revolutionen werden nämlich nicht gemacht, sie ereignen sich. In Paris war es so. Aber da gab es keinen, der bereit gewesen wäre, die Macht zu übernehmen, der darauf vorbereitet gewesen wäre. De Gaulle mußte in Baden-Baden bei seinen Panzerleuten (die wir hätten zum Teufel jagen sollen) antichambrieren und massiven Erpressungen der Militärs nachgeben …
Wie heißt es 1922 (!) in den Richtlinien für die Ortschroniken für ländliche Wohlfahrtspflege in Württemberg und Hohenzollern: »… bei Streiks, bei Maßnahmen der Gegner Deutschlands, bei vaterlandsloser Handlungsweise, bei Vergehen gegen die bestehende Regierung, dichterische Schilderung der Heimatlandschaft.« So wurden aus Schulmeistern und besoffenen Frontsoldaten Spitzel gemacht. Das ist Konterrevolution!
Dein h.

Landschaft, Heimat das gibt es nicht, war Spitzeldienst an Volksschulen. Der Volksschullehrer, der vor der Front stand, fand nicht zurück, was fing er mit Weltliteratur an, und wer machte Literatur in den zwanziger Jahren? Wer macht sie heute? Die Krokodile!
plus ça change c'est la même chose

Liebling, 16 – IX – 1970
die Emulsion von Anton (ich weiß was Alf Tamin jetzt sagen würde) schafft es nicht. Ich habe Haarspray zum Fixieren (siehe oben) genommen. Poly Set! Von Ricca; es ist für Blondinen. Scheiße. Du färbst auch schon wieder. Was für eine Farbe soll ich nehmen? Am Funk lernt man nur dummes Zeug. Heute wünschte der Sprecher einen schönen Donnerstag. Als wäre es der Donnerstag und nicht der Mittwoch. Die Nachtigall und nicht die Lerche. Scheißbuch
Dein h

PS Wir werden nie einen gemeinsamen Briefkasten, eine gemeinsame Schreibmaschine, ein gemeinsames Tintenfaß haben. Ja, ja.

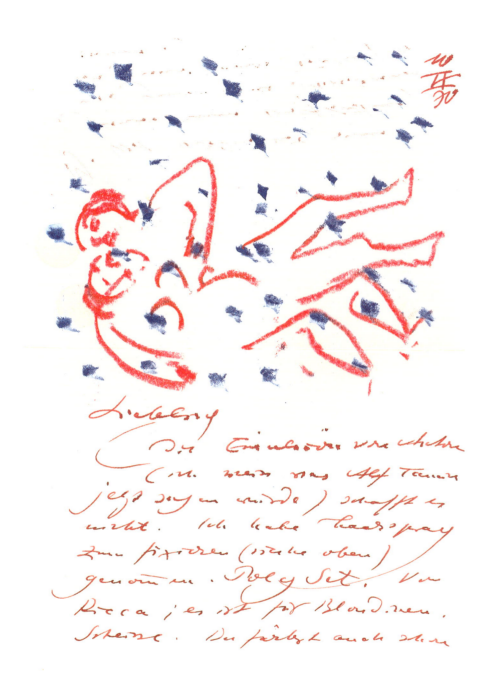

Liebling,   17 – IX – 1970
Krüger, Kunst und die Krokodile …
Wir müssen eben tingeln gehen. Wer weiß, sogar in Nürtingen? Aber
dort ist es ja nicht mehr nötig, der Zimmermann kennt Dich ja.
Man muß es den Krokodilen sagen und wie Du sagst, man muß es
dreimal sagen
tschüs   Dein   Γ

Liebling,   später
den Fetischcharakter der Kunst kann Enzensberger nicht austrei-
ben. Oder gehört das dazu, im Blauhemd der FDJ auf die Bühne zu
rennen, nicht hier – in Ostberlin – in Eile   Dein   h

20/X/70

Liebling,

so viele Elefantenohren gibt es gar nicht, wie ich Dir knipsen möchte. Wie bist Du gewesen? Du bist ganz fantastisch gewesen! Wo ist denn

Das

Liebling

Die Tage ziehen wie große Elefanten vorbei und trompeten gar nicht, dazu regnet es auch noch. Wie kommt man überhaupt dazu, das poetisch zu finden . . . . .

Meine Füße sind Elefantenstumpen

Margarete:

Allerschönster Liebling,
endlich hab ich den Meilenstein gefunden, auf dem ich bei allen künftigen Fahrten nach Heidenheim verschnaufen kann: die Kirche in Eybach. Ihre Steine sind dick und alt, die Raubrittergrafen sind dort begraben, aber am dicksten ist die Alb einen Tag vor Allerheiligen an dieser Stelle – wahrlich, kein besserer Ort für den Kreuzweg meines Liebsten!
Dein ⅂

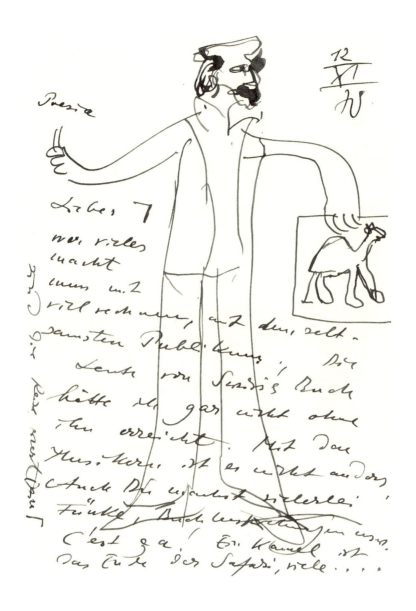

Liebes ⌐   12 – XI – 1970
wer vieles macht, muß mit viel rechnen, mit dem seltsamsten Publikum; die Leute von Swiris Buch hätte ich gar nicht ohne ihn erreicht.
Mit den Musikern ist es nicht anders. Auch Du machst vielerlei
Fünke, Buchbesprechungen usw. c'est ca! Ein Kamel ist das Ende
der Safari, viele sind die Reise wert
Dein   Γ

                                           17 – XI – 1970
Liebling, es hat ein frisch Schneele geschnien, drum ist es so kalt!
Morgen kommt Marquardt von Reclam, dann kommen alle diese
Tiere, die Dich fressen wollen. Es ist Winter
Dein h.

Liebling, es hat
eine frische Schnee gestöbern
Denn ist es so kalt!

Morgen kommt Marquardt wegen
Reclame

Dann kommen alle diese
Tiere, die Dich fressen
wollen
Es ist Winter
Nun 49

Liebling   20 – XI – 1970
das wird eine Reise werden nach Bonn!
Wenn es schon ein Unternehmen ist ans Waschbecken zu kommen.
Nach Stuttgart werde ich mit dem Auto kommen (Schröder?)
so long Grüße   Dein   h

Liebling
wie ich nach Bonn komme, weiß ich noch nicht
Ich hab es Dir gemalt
Dein   Γ

Wir sind alle aufeinander
angewiesen, darauf
angewiesen Konturen
zu haben. So verkehrt
unsere Verflechtungen, die
falsch, nes familiäre ge-
tragen werden so ver-
kehrt sind z.B. meine
Samstage. Es gibt da
keinen Weg heraus. Der
Antritt der Reise war
falsch, sie führt irgend-
wohin
        also Liebling
handle erst
        Dein
            h.

Liebling,   7 – XII – 1970
die Fürstin scheint den Dürer-Preis bekommen zu haben, sie tele-
fonierte wohl mit Nürnberg den ganzen Sonntag. Dabei kommt jetzt
erst die Wand, Deine Wand zum Vorschein. Die Jungen sollen für
Lindner gestimmt haben?
love   Dein   h.

Liebling,   8 – XII – 1970
jetzt wird geblasen, geblusen und gebumst. Sie sitzen in Stuttgart
und in München. Der Dürer hat auf den Busch geschlagen, denn
alles wird an seinem Gegensatz sichtbar
Horridoh zum fröhlichen Jagen   Dein   h

Liebling,   20 – XII – 1970
gleich kommt der Pfarrer Eßlinger, den Josef holen. Ich hoffe nicht,
daß er ein Kleinkind bringt und er geht gleich wieder, hat er gesagt.
Der berühmte russische Puppenspieler Sergej Obraszow hat immer
abgelehnt für Kinder unter fünf Jahren zu spielen, weil sie sich durch
ihr emotionales Verhalten gegenseitig stören. »Wir können sie nicht
in Bann halten«, meint er ganz richtig. Es sind nur die Krokodile der
Eltern.
Aber zum Signieren kommen sie immer mit Krokodilen auf der Schulter
addios   Dein   h

Liebling,   20 – XII – 1970
ab heute darf auch ich an die Familie denken, an Ricca und Oma.
An Langewiesche mag ich nicht schreiben. Bitte sage ihr doch, es
sei ein Weihnachtsgeschenk von uns
Ich kann nicht   Dank!   Dein   h.

Mon Dieu Liebling,   21 – XII – 1970
man kann doch nicht, weil man es als Literat kann, die Worte setzen
und legen, wie man gerade will. Legen meine ich. Was biologisch
stimmt, ist doch noch lange kein Männergeschwätz und eine Abwer-
tung der Frau! Ganz im Gegenteil ist dadurch die Frau von Natur
befähigt barmherzig zu sein, also menschlicher, künstlerischer,
wenn man will. Setzt man jedoch die Worte, wie es gerade paßt, ist
Erkenntnis nie möglich, bleibt man irgendwie immer da hinten, wo
einiges verklemmt ist.
C'est ça   Dein   h.

Lieber,

auch im neuen Jahr
sind es die Wände,
und nicht die
Kunst beschreiben.
Ich werde sie
unseret anfachen!

Warum Kollektive schlecht schreiben

Der einzelne Autor schreibt etwa: *„Der Jüngling trug einen roten Rock mit goldenen Knöpfen."*

Ein zweiter und ein dritter haben es anders gesehen, die drei stimmen sich ab, und der Satz heißt nun: *„Der noch nicht alte Mann trug ein rockähnliches Kleidungsstück mit metallfarbenen Knöpfen."*

Nachdem dann auch die Meinung von zehn anderen noch berücksichtigt worden ist, heißt der Satz: *„Das Lebewesen war allem Anschein nach nicht unbekleidet."*

Je kollektiver, desto abstrakter, farbloser, unpräziser.

Es gibt auch tolerante, es gibt auch gleichgültige, und es gibt autoritäre Kollektive.

Die einen sagen: *„Wenn der Kumpel den Rock nun mal rot gesehen hat, laßt ihn doch."*

Die anderen sagen: *„Ist uns doch wurscht, wie der Rock aussah — oder ob es überhaupt ein Rock war."*

Im dritten Falle sagt einer: *„Ich schreibe — ihr habt zu unterschreiben."*

Das macht die Mitteilung nicht verläßlicher.

Bleibt noch zu sagen, daß nicht nur Basisgruppen oder Interessenverbände als Kollektiv-Autoren auftreten. Sondern „kollektiv" schreibt eigentlich jeder, der sich bei jedem Wort, das er schreibt, des Gefühls nicht erwehren kann, zwanzig Freunde, Feinde, Kollegen, Genossen, Kritiker sähen ihm dabei über die Schulter. Leo

Den
Manager
gesucht

der mich ge-
managt hat

hat 7410 / 42602 / 1971

bitte halt Dich
aus allem raus
nur nicht aus
Deinem

HAPPY NEW YEAR on the air 71
Die dramatische Kunst allein schon genügt, um den vollen Aufstieg
des Menschen zu erklären, des einzigen Tieres der Schöpfung, das
des Glaubens ist, sich verbessern zu können und an die Stelle der
Wirklichkeit den Schein zu setzen.

Teixeira de Pascoaes

Liebling, 5–I–1971
ich hatte heute morgen wieder das große Vergnügen, mich mit Dei-
nem Rasierpinsel (acht – sacht – pracht) einzuseifen.
Während Du oben schon in Gedanken siehst, wie das Frühstück
nach der Hochzeit sein wird. Während durch die Schillereiche ein
Geruch von Milch und Mama zieht …
Das sind die Namen, bei denen sich der Komputer verweigert:
Zachiarzyciasiewicz
Pflaumaberheiberger
Czerniakorski – Drpdzynski
ein Vorname darf nicht mehr als neun (9) Buchstaben und ein Nach-
name nicht mehr als dreizehn (13) haben.
Auch der Komputer hat eine Seele
Salute   Dein   h

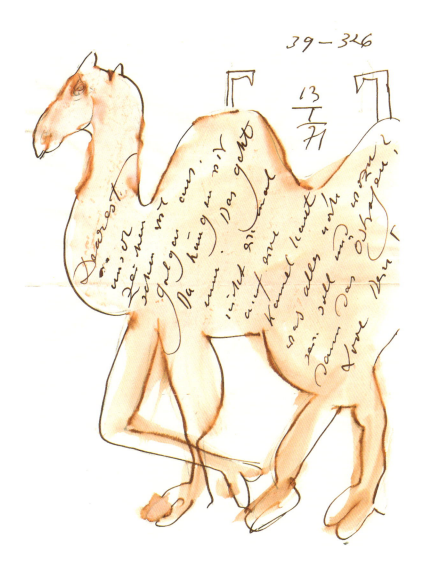

Dearest,   13–I–1971
unsere Zeichen sehen wie Galgen aus. Da hängen wir nun. Das geht
nicht einmal auf eine Kamelhaut, was alles noch sein soll und wozu
dann das Östrogen?
Love   Dein   Γ

Liebling,   12–II–1971
es ist das schönste Wetter für Literaten, für Nachtaffen, für Dampfwalzen, für Ärzte
nur nicht für   Deinen   h.

Liebe Margarete,   12–II–1971
mein Geburtstag ist geschafft. Du bist schon vorausgegangen dahin-
ein, wo es etwas anders wird. Vielleicht gefiel Dir deshalb das Foto.
Es ist der kritische Blick – aber so weit ist es bei Dir noch nicht,
Liebling!
Dein   Γ

oh yes my Dearest,   26 – III – 1971
it was a lovely day, das Totenköpfchen der Mutter, die aufgeregt
immer die Fingerkuppen aneinanderreibt, weil das alles so fremd ist
hier oben. Aber warum will sie dann auf die Achalm? Nur um einmal
zu lächeln, wenn der Ara, den wir für sie halten, mir mit seinen Flü-
geln Asche aufs Haupt weht? – – –
Osiander Tübingen will die Lesung am 29. April haben. Gehst Du zu
Linde in die Landesbibliothek am Montag? Auch allein? Dann sage
bitte zu. Ich mache die Kamele dafür. Der Mittwoch u. Do. ist uns
sicher. Ob ich so lange ohne Dampfwalzen und Wiesen leben kann?
Dein   h

Liebling,   2 – V – 1971
es waren einmal 8 Krokodile und 7 Huhn, hihi, Tschüs am Theater.
Einer sollte den Hamlet spielen. 5 Krokos sagten, so einen alten
Schmarren spielen wir nicht. Da waren es noch 3. Der eine war blind,
der andere lahm und der dritte auch ein Krokodil. Eine Ophelia wollten die 7 Damen sowieso nicht spielen. Mit einer Ophelia sei man
eh bei TV erledigt. Der Intendant, sagen sie, habe sich – oh reizende
Ophelia oder das Leben genommen.
Auf gutes Wiedersehen   Dein h.

Liebling,   20 – V – 1971
Hagelstange ist tief verletzt. Ich habe seine Briefe nicht beantwor-
tet. Du mußt allen Leuten sagen, Schlafwandler darf man nicht
ansprechen, vor allem nicht erwarten, daß sie Briefe schreiben,
solange sie etwas mit sich herumtragen
eine russische Seele grüßt Dich heute   Dein   Г

Liebling,   29 – V – 1971
aber ja, ist es hart, immer wieder die Dummheit mit ansehen zu müssen. Man darf nicht darauf warten, daß die »Post« ankommt oder
gar die »Antwort« schon bereit liegt, bevor man wieder schreibt.
Dann nämlich schreibt man meistens gar nichts mehr.
Je t'embrasse   ton   Г

Liebster Trommelbub,   10 – VII – 1971
am Freitag werde ich nicht präsent sein, aber am Sa. komme ich zur
Schillereiche. Bitte besorge mir den Katalog.
Der Mythos der Linken und aller Unterdrückten ist dürftig, jedoch der
Herzog muß fallen
immer   Dein   h

                                                 16 – VII – 1971
ach Liebling, es ändert gar nichts an der Überbevölkerung, wenn es
keine Autos mehr gibt. Wohin wir getrieben werden, das ist ziemlich
genau vorherzusehen, in die Unmenschlichkeit.
So stehen wir etwas konsterniert dem Kamel gegenüber, hat sein
Höcker Wasser für die Reise durch die Wüste?
on verra   Dein   h

das Krankenhaus ist zum gesund werden, nicht zum sterben da!

6
VIII
7[?]

ma
chère

mir
wächst
schon
Dürer-
gras
aus,
den
Augen
und

es ist erst der 6. Eine
Woche noch dann ist selbst
für den stärksten Mann
Schluß; ohne Rem[...]

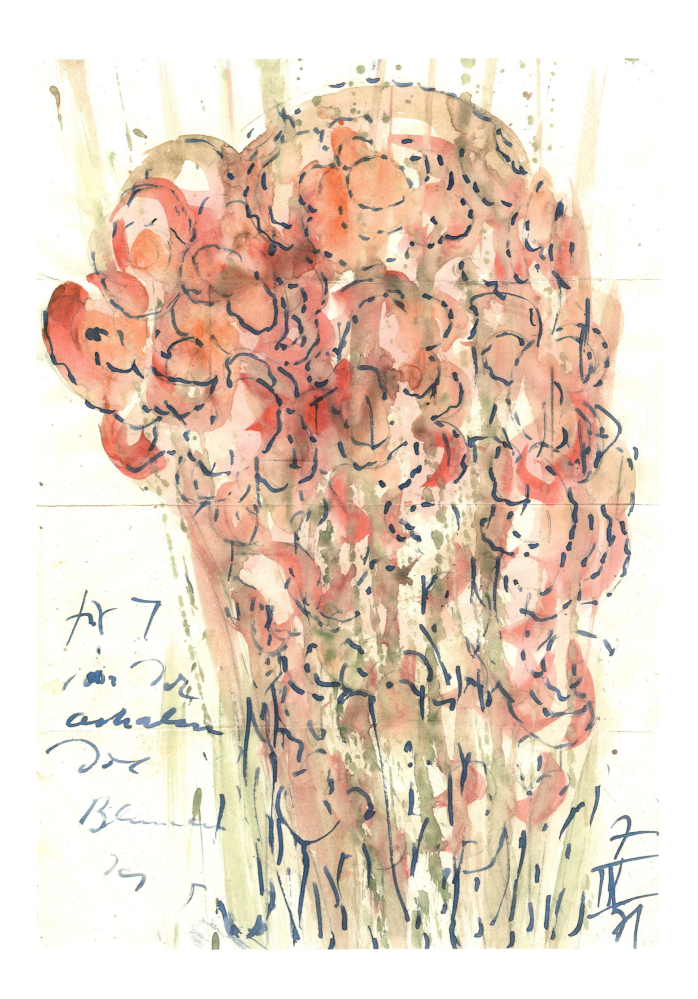

22
IX
71

wohl dem, der

keinen Dürer
hat

ach ⌐   13 – IX – 1971
auf Grabsteinen sitzt man schlecht, denk daran, alte Weiber haben
neun Häute, das braucht Zeit und Arbeit, bis da die Seel ein Loch
hineinreißt. Mach es also nicht schlimmer als es ist   Dein   ⌐

Nom de Dieu ma chère,   28 – IX – 1971
was kränkt ist nämlich nur, daß alle den Dürerpreis haben wollen
und keiner ihn verdient hat. Man kann ihn nämlich nicht verdienen.
Das Leben ist ein Blutströpfle   Deines   ⌐

Margarete: schöner Liebling,   1971   Samstag früh
              wenn wir es noch schaffen wollen, endlich gescheit zu werden –
              siehe Dein Studentenschafttrottelbrief –, sollten wir dann nicht sofort
              damit anfangen und nicht mehr im Nachthemd Kalenderblätter
              abreißen und irgend jemandem dafür die Schuld geben, wenn man
              jahraus jahrein erlebt, daß man trotz unüberbietbarer Naturnähe kei-
              neswegs abgehärtet wird, obwohl man sich so fühlt und nie fröstelt
              und untenherum wie ein Löwe ist, aber obenherum erwischt's einen,
              und ich finde es dämlich, dann den gescheiten Löwen zu spielen und
              zu sagen, ich mach schon alles, ich bekämpfe es mit Tabletten,
              obwohl man ganz genau weiß, daß der Körper kaum die Tabletten
              verschafft, die man ohnehin braucht, aber Strophoral ist nicht schäd-
              lich, bloß weil man Freiheit Freiheit haben will und Abhängigkeiten
              haßt, die einen wie der Weck auf dem Laden im Herbst und Winter
              und Frühjahr erwischen. Du weißt ganz gut, daß man an einer Erkäl-
              tung sterben kann und wie soll ich dann DDR-Gedichte machen, die
              mich fast den Verstand kosten, weil sie niemand haben will, wenn
              Du nicht ein wunderbares Buch daraus machst, Du allein! Und ich
              geh ja auch im Nachthemd vors Haus und hol was von der Wäsche-
              leine, aber ich tu's fast gar nicht mehr so oft wie Du und bin über-
              haupt vernünftiger
              Dein   ⌐

165

7.10.71 / 10 h
Badhotel Bad Teinach
Bad Teinach
23.10 Köln
26.10 Bochum
28.10 Münster
29.10. Osnabrück

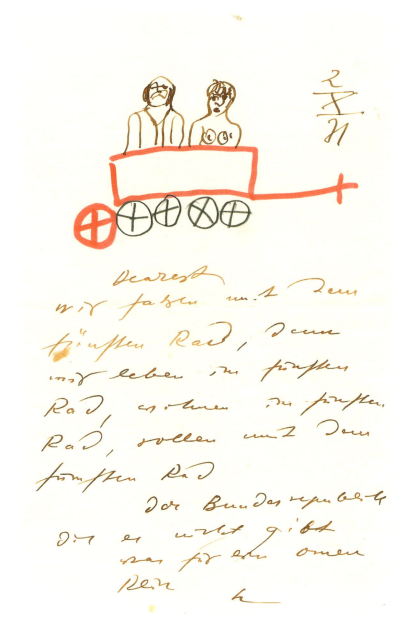

Liebling,   1 – XI – 1971
alles hat seine Stunde, und seine Zeit hat jegliches Unternehmen.
Eine Zeit Steine zu werfen und eine Zeit Steine zu sammeln.
Eine Zeit zu zerreißen und eine Zeit, um zu nähen.
Du glaubst nicht, wo das steht, es steht im Buch der Prediger und
ist gut für Allerheiligen, gut dazu, sich wieder zu erinnern, daß man
auch mal wieder die Bibel aufschlagen kann.
Endlich kurz vor Toresschluß kommt der Dürerpreis
Guten Morgen   Dein   h

... nicht mit
nicht absenden die Nacht
ruhig es an die Mahne
bitte Klebstoff A4 soll
und DIN 14en
mit bis 71

Liebling
oder es eine
letzte Seite frei
frei für Bücher,
wenns beliebt.
Das Buch aber
muss sowieso am
Mittwoch 24. 11. 71
in der Paulus-
str. abgegeben
werden mit Blumen
Bitte! Rene

Liebling,   6 – XI – 1971
Hermann von Ow gab 1361 Bernstein den Waldbrüdern (Franzis-
kaner)
1806 Säkularisiert, Königl. Meiereigut
1933–1944 Landjahrjugend
1949–1953 Kunstschule
1. Großbrand 1969
2. Großbrand 1970
So geht es, wenn man von dort wegzieht
Dein   h

Liebster Liebling,   25 – XII – 1971
Weihnacht ist für alle! Schwer, es Dir zu sagen, nachdem ein Wort
von R die Türe dazu an der Klinke schon mit seinem Kot beschmiert
hatte. Für alle, im einzelnen zu *sein*, sich zu finden, ist allein dem
Unschuldigen möglich!
Aber in diesem Viertel wächst kein Gras mehr. Das Engagement im
Dritten Reich war zu groß, war übermenschlich, außermenschlich.
Katholiken fassen das nicht (Böll, Yannis u. a.). Diese Menschen
konnten einfach 1945 nicht mehr. Sie warteten, saßen auf ihrem
Besitz, bis alles vorübergeht. Und nun haben wir den Salat. Heute
11^{15} – gerade kommt Dein Anruf – spricht um 12^h der Bundespräsi-
dent und zur gleichen Zeit im 2. Programm der Papst den Segen:
urbi et orbi. Du würdest es nicht hören, aber bekommst Du überhaupt beide Kanäle herein?
Im Altersheim gestern saßen die Alten ganz konsterniert herum, es
war ein Rundbrief des Pfarrers gekommen. Der Pfaffe in Reutlingen
schrieb von Bomben, Inflation, finsteren Zeiten, die auf uns zukom-
men. Da fing ich vom Friedensnobelpreis unseres Bundeskanzlers
an zu reden, die Alten zu beruhigen. Vergebens, kaum sagte ich
Brandt, flammte bei den Alten ein Haß auf, der mir den Atem ver-
schlug.
Wie gut verstehe ich unsere Jungen, wenn sie solche Ahnen haben.
Schau belustigt auf Esther Vilar, die bei einer Diskussion in München
auf den Zuruf eines Mannes: »Sie helfen uns aber nicht« ganz richtig mit einem lauten »ja!« antwortete. Die Jungen wissen schon,
warum sie so laut vor den altersschwachen Ohren reden. Nur wo sie
clever wie Dein falsches, erfolgsgieriges Kroko sind, da hol sie der
Teufel. Begabt sein und nicht leiden wollen, können, denen hilft kein
Gott zu sagen, was man leidet, wenn man segnen möchte alles, was
geschehen ist und noch geschieht – nicht ohne uns – im Neuen Jahr
salute   Dein Liebling

ma chère   31 – XII – 1971
was wirst Du am Ende dieses Neuen Jahres haben? Gedichte?
Einen Roman? Es sind 365 Tage, für die ich im Augenblick den Atem
anhalte, um am 1. 1. 72 mächtig zu blasen
Dein   Γ

171

31
XII
71

ma chère T was wirst
Du am Ende dieses Neuen
Jahres haben? Gedichte?
Einen Roman? Es sind 365
Tage für Dich, ich im Augen-
blick den Atem anhalte
um am 1.1.72 mächtig Zu blasen
Dein T

Dearest,

Das war der schöne Weg

zurück auf die Schalen
love   Den h

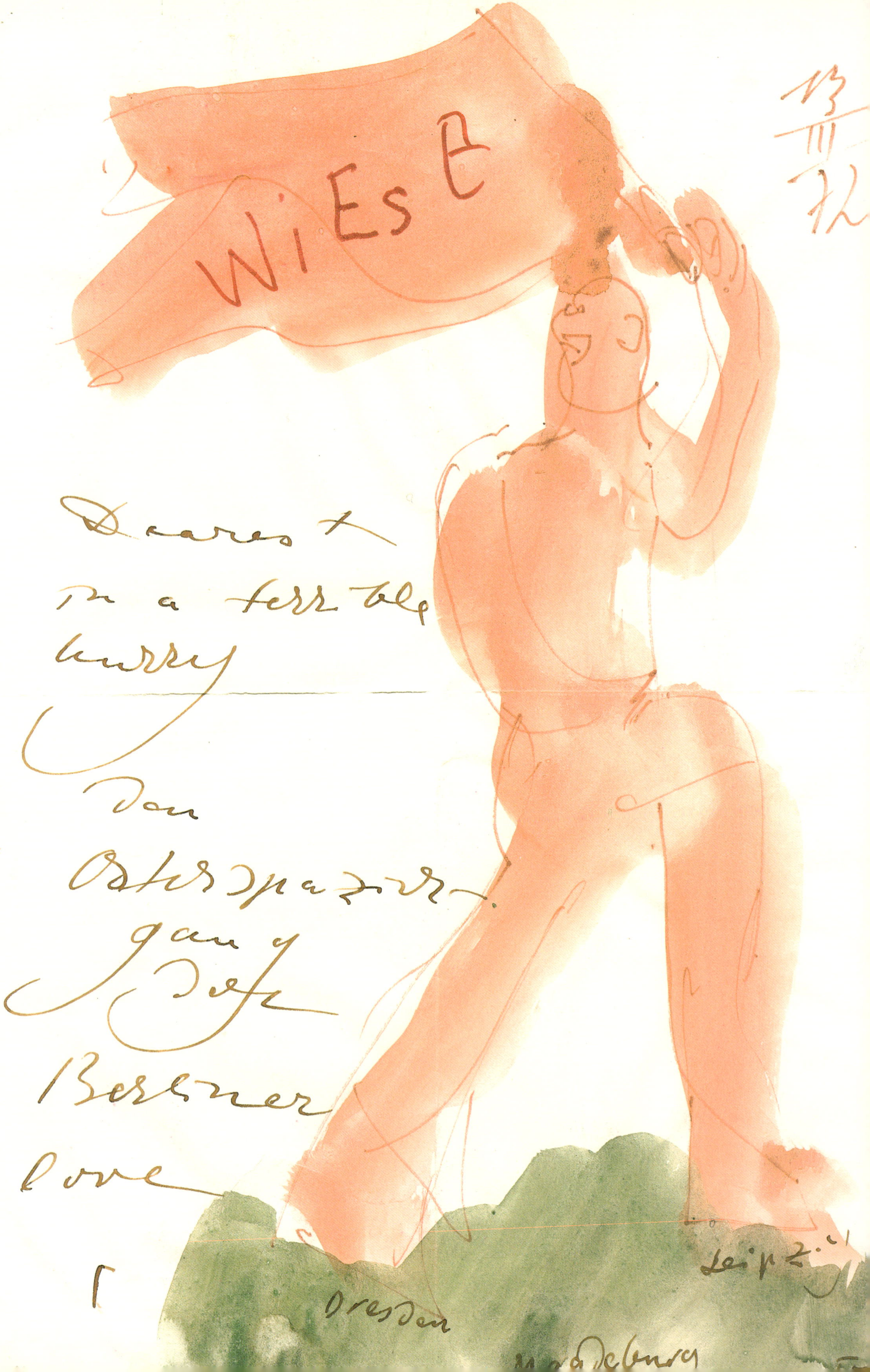
WiEsE
Dearest
in a terrible
hurry
love
Leipzig
Dresden

Liebling,   19 – III – 1972
hier die Einladung. Der Trauerrand verdeckt Manus. Den Text auf
der Innenseite rechts sollte Frau W. noch durchsehen. Er kann dann
kleiner über dem Faksimile gesetzt werden. Dein Gedicht kann einen
Grad größer sein. Alles Bodoni (Antiqua). Die 900 Drucke sind bei
M. F., Cantz soll gleich die Einladung drucken und das Kuvert dazu
besorgen. Versenden dann durch A. I.
uff!
Die Fotos sind aus der Ausstellung in Sofia
Guten Morgen!   Dein Γ

Liebling,   20 – III – 1972
das ist ein Ulmer Druck. Er wird heute noch als Andachtsbild ver-
schenkt: vom Geheimen Rat Pfarrer Endrich.
Es ist keines dieser Ulmer Strichmännchen, Otl Aichers Wegweiser
zur Olympiade, es ist auch nicht fürs Volk verbösert worden.
Es will Dir Rosen brechen
Dein   h

Liebling,   12 – V – 1972, 5ʰ
das Telefon schweigt, ich bin beunruhigt und rufe um 8ʰ Frl. Brecht
an.
Es hat keinen Wert, sich mit Ärzten zu raufen, wir brauchen die Dia-
gnose, mit Vermutungen ist es nichts. Vielleicht bist Du schon in Heidenheim?
Bitte sei ganz sachlich. Dein Kopf muß gut stehen, oben stehen
Dein   h

PS   Welches Glück, daß Du nicht bei den Jungen eine lächerliche
Fahne gestern im PEN schwenken mußtest. Der VS ist weit besser
dazu!
Es gab nie eine heile Welt und immer Erdbeben und den Tod

                                             13 – V – 1972
eben war eine Braut mit ihrer Hochzeitsgesellschaft hier oben. Nie-
mand kennt sie, aber sie wollten hier gewesen sein.
Am 29. sind wir in Bonn, vorher gehen alle guten Dinge an Sir Hugh
Greene. Wir machen das!
Dein   Γ

˥   [ohne Datum]
es lebe die Documenta, die hat alles vernichtet, was nach Kunst aus-
sieht
salute   Γ

178

Die klugen Jungfrauen
haben in der Regel auch Wasser
in den Tassen!! (so auch halt
die thörichten nicht!! Herr!)

Dem Ahlers tret ich gleich eins ans Schienbein, wir sind keine bürgerliche Gesellschaft, wir sind eine offene Gesellschaft.

Das Bürgertum hat 1933 verloren! Wenn wir eine bürgerliche Gesellschaft wären, dann hätten wir kein 3. Reich gehabt (und keine Mauer und keinen Krieg mit Rußland), selbst der gute Heuß hat im *Reich* geschrieben, alle haben. Wie der Bauer seine Kartoffeln liefert, so hab ich im 3. Reich meine Musik geliefert (Furtwängler) – so kann kein Bürger sprechen. Wenn wir eine bürgerliche Gesellschaft hätten, wär ich ja ein Bohemien. Ich erhebe keinen Anspruch an die Gesellschaft, mich zu erhalten. Im 3. Reich hatten wir sowas wie eine Revolution, wenn auch ne falsche, schiefe, halt deutsche Kleinbürgerrevolution, aber seither ist was passiert – die Massen haben die Scheinmacht bekommen. Wir sind eine Massengesellschaft, daran ist nichts zu ändern, damals war das besser als jetzt? Man überläßt sie dem Fernsehn, dem Auto, Olympiade, das sind Massen. Die Bürger haben sich verkrochen 1933. Im Tübinger Kunstverein führen die Idioten SS-Pornographie-Filme vor, zusätzlich zu Leni Riefenstahls Olympiafilm, damit die Nazis noch verfälschter werden (ich hab nie sowas gesehn im ganzen 3. Reich) – wo die Jungen sowieso nichts wissen und begreifen wollen – nein, Porno, das war's nun nicht.

Alles Elitäre ist wirklichkeitsfeindlich, was aber nicht heißen soll, daß man die Konservenbüchse (Warhol) zum goldenen Kalb macht. Unsere Scheinwirklichkeit ist elitär – ich hätte mir auch kein Zwiebelmuster Service gekauft, ich hätte Plastik gekauft, zum Wegwerfen, servieren wie im Flugzeug.

Chinesen beim Examen   in jedem Häuschen einer, außen sein Name!!!   höchste Individualität + Pluralismus = Geschichte.

Das heutige China kümmert sich um Privatleben nicht.

Gegensatz: Massentrauungen (von Japan kommend) faschistisch, falsch, hat nichts mit dem Staat zu tun. Wenn der Staat anfängt, in die Unterwäsche zu gehen, wird's falsch, Hochzeit ist doch nicht öffentlich, war mal, als man das Leintuch raushängte – heut wird das Hymen mit 15 operiert, damit ihnen nicht durch Schmerz die Lust verdorben wird   Physisches ausschalten, damit sie psychisch nicht Schaden nehmen – früher hat man eine Taube geschlachtet und das Leintuch damit gefärbt und hätte am liebsten das Hymen wieder zugenäht.

Die Natur ist besiegt, weg, jetzt müssen sie sie künstlich wieder herholen.

Die Russen hatten kein Bürgertum – den Adel und die Bauern, dazwischen Bürokratie, Tafeln mit Marx, Lenin etc.

Die Parteibonzen durch die Straßen schleppen in Deutschland ist lächerlich, das sind doch *Ikonen* – das geht doch nur dort, wo man das mit den Ikonen machte. Die haben in Magdeburg doch nie Bilder durch die Straßen getragen, die haben sie an die Dome gemacht.

Die Russen hätten am liebsten den Chinesen Lateinisch eingeführt (Schrift), sie kämpfen noch drum – dann ist's weg, die Geschichte (Lat. Messe!). Englisch in 10 Stunden ist auch Scheiße.

In einem Sozialstaat, wo alle alles kriegen (+ Wohlfahrt), da soll der nützlichste Mensch, der Künstler, verrecken, aber das lebt und stirbt mit dem Begriff des Künstlers, der in seiner Existenz von der Norm abweicht – der nicht anders leben kann, indem er formt. Entweder dieses Menschenbild ist für alle da (alle formen) und wir haben den Dilettantismus, oder es ist eine Auszeichnung. Aber gerade das soll ja nicht sein!! (Abschaffung der Preise, Auszeichnung etc.).

Ohne mit der Wimper zu zucken, geben die Menschen für einen Bilderrahmen 500 Mark aus und fürs Aquarell sind ihnen 50 noch zu viel – es muß ganz billig sein (möglichst umsonst, den Künstler *haben*) – da stimmt doch was nicht!

Malen ist Leistung – Thema Aufträge: keine Freude, keine reine Freude – früher wurde gemalt aus Freude, halt weil sie malten. Was wir da treiben, ist der Wagen vor die Pferde gespannt.

Der Künstler hat keine Existenz mehr (was Walser vorschlägt, 8 Uhr Büro), er muß Aufträge machen.

Die Dokumentaleute leben noch so, machen bloß Kunst, ein Tal versperren (Christo) wenn's ihnen paßt, sie machen, was ihnen einfällt: zweckfrei, sind frei, bourgeois, das ist elitär.

Nolde hätte jeden rausgeschmissen, Pechstein ging mit der Bierflasche auf die Leute los, hatte einen Boxer als Leibwächter, ich bin Gotiker: Auftragsarbeit 16 Heilige f. 1 Altar. Nicht ich wollte die Josephsgeschichte, der Pfarrer! ich habe der Gemeinde gedient wie ein Dienstmädchen.

Kienholz verkauft nur noch Ideen. Ausführung ist was anderes, wird extra bezahlt, in Auftrag gegeben. Hinweis auf den Stoß Cellophanhüllen auf seinem Schreibtisch: da läutet die Glocke … auf geht's, Arbeit!!

Kreuzweg-Erinnerung, bis es soweit war (alle Erfindungen, Kardinal etc., um ihn überhaupt machen zu können)

ich knie mich, ich bin der Mensch des winzigsten (feinsten) Kompromisses, den die Radikalen hängen, weil sie keine Kompromisse wollen, die Bombenschmeißer von links und rechts – des Kompromisses als Leistung! Den Dokumentaleuten ist das Scheißegal. l'art pour l'art-Künstler: das verteufelte (geschmähte) l'art pour l'art rangiert in Wirklichkeit ganz oben, ganz vorn, ist die Spitze.

Während der Pfau auf dem Steinelephant sitzt, zwischen der Palmlilie mit ihren in 16 Jahren gebauten Blütenständern, von Tag zu Tag weisser – das Wort leuchten zurückführen – die Schwanzfedern mit dem Schnabel auseinander sträubt, durch den Schnabel zieht die Baldrian-Stauden-Blütenständer schwanken um ihn, duften Morgenwindbrise Bassin weiße rote Seerosen das Kakteenbeet der nach unten wachsend Weidenbaum

Anarchisten den politisch Radikalen verwandt in der gemeinsamen Menschenverachtung – Kompromißlosigkeit – hier berühren sie sich.

Sepp Ruf: Auftrag für eine Bank 100 000 DM abgelehnt: eine Bank ist kein Gegenüber, zu einer Bank fällt mir nix ein. Du bist ein Gegenüber, der Pfarrer ist ein Gegenüber, die Alb

Klee: unten seine Frau am Klavier – und er oben, Hesse Geige spielend, seine Sachen machend, glücklich

ganz rasch
einen Gruss
vom kaputten Telefon

die Alb ist bereit   Dein   Γ

PS   Karl Korn meint, die Umwelt habe auch eine Innenwelt, worunter zu verstehen sei, was in Jahrzehnten und Jahrhunderten zur Natur hinzugetan worden sei. Umwelt als geschichtlich gewordene, soziale Welt sei zu verstehen und zu erhalten. Ökologie ist eben nicht alles, es müssen schon Gedichte sein.

Liebling,   16 – XI – 1972
von Mack bis Hiepe ist ein weiter Weg, in dem Du mich gerade ausstellst. Die Tendenzen in München werden schön schauen! Bei Staeck gibt es keinen Personenkult, und bei Carlo S. gibt es Auftraggeber. Originale gibt es bei beiden nicht. Warum spricht niemand bei mir von Originalen? Es wird schon schief gehen
Salute   Dein Γ ˥

2 XII 72
ach ?
jetzt
soll
ich auch nach
mit dem Ara
sprechen. Alle sind

Zum
24
XII
72

Dearest 🖋 🔨

VI
73

wieder schönes Auto
ist zwar fahrbereit
fährt aber nicht

Margarete: Liebling   [1973]
endlich weiß ich, warum man nicht zweimal in denselben Fluß stei-
gen soll – auf dem Hoppenlauffriedhof heut morgen wurde ich dreimal von Ausländern verfolgt, obwohl die Kirchenglocken läuteten
und ich doch nur nachschauen mußte, ob die Lyra über oder unter
seinem Namen steht, liegt.
Das Kopfweh, das ich schon beim Aufwachen hatte, wurde davon
nicht besser, nicht einmal von dem ersten Telefonbrief, auch kein
Gelonida half, als das ganze Haus leer war, öffnete ich Fenster und
Türen, verschloß den Windfang, da stand Buchenwald am Gartentor,
tor, hatte geläutet, ich dachte, jetzt kommt der dritte Eilbrief am Sonntagmorgen, aber es war die Königin Salome ganz in weißer Spitze
mit Vater W. und soeben aus Israel nicht im Kibbuz gebliebenem
Sohn.
Nebbich, die Stube war nicht präsentabel, also führte ich durch sieb-
zig Bäume und erzählte die Schillereichenstory, pries die Birnen.
Jedoch Salome hatte längst beschlossen, künftig in diesem Garten
zu arbeiten und meine Gedichte zu übersetzen. Als es Zwölfe
läutete, war ich fast tot, vier Pfund zugenommen vor lauter Elend die
letzten Tage, im ganzen Haus gab's nichts mehr gegen die Kopf-
schmerzen – der Doktor will mir erst nach sechs Wochen eine neue
Spritze geben, jetzt weiß ich, warum, hab solang gesucht, bis ich
den Zettel fand: *Virilisierung* und ein Lexikon hab ich auch und die-
selbe Spritze bekommen Männer.
Morgen unterschreib ich dem Doktor, daß ich lieber ein Mann werden will als noch länger das Kopfweh aushalten, sämtliche Weiber-
hormone helfen nichts, jetzt ist gleich Mitternacht, ich hab inzwischen den Tag zu retten versucht
naja, naja es steht ja was da, sind noch sechs Tage zum Streichen.
Ob ich den Asperg noch mache, bezweifl ich, aber eine Nachtapo-
theke such ich noch, wenn ich schon aufs Band fahr
Dein ⌐

je nun liebes ⌐   21 – VII – 1973
die Tiere grasen wieder. Auch die Fürstin bekommt wieder Nachrichten, eben weil sie schlecht sind. Sozusagen bleibt alles beim
alten – beim Alten Dein   vieux

ma très chère poétesse,   9 – IX – 1973
es ist mir zu Ohren gekommen, bis auf die Achalm gedrungen, trotz
Steinhaus; der Schubart sei wieder mächtig im Land.
j'attends mon ami   Partner   Dein   Γ

Margarete: ach Γ   [1973]
von wegen Juli, nach Ulm muß ich, weil mir eingefallen ist, daß der
Syrlin mir nicht liegt und daß ich jedesmal, wenn ich vor dieser
beleuchteten Dokumentation im Einstein-Haus steh, ein Einstein-
Gedicht machen wollte. Jetzt will ich.
Dein ⌐

192

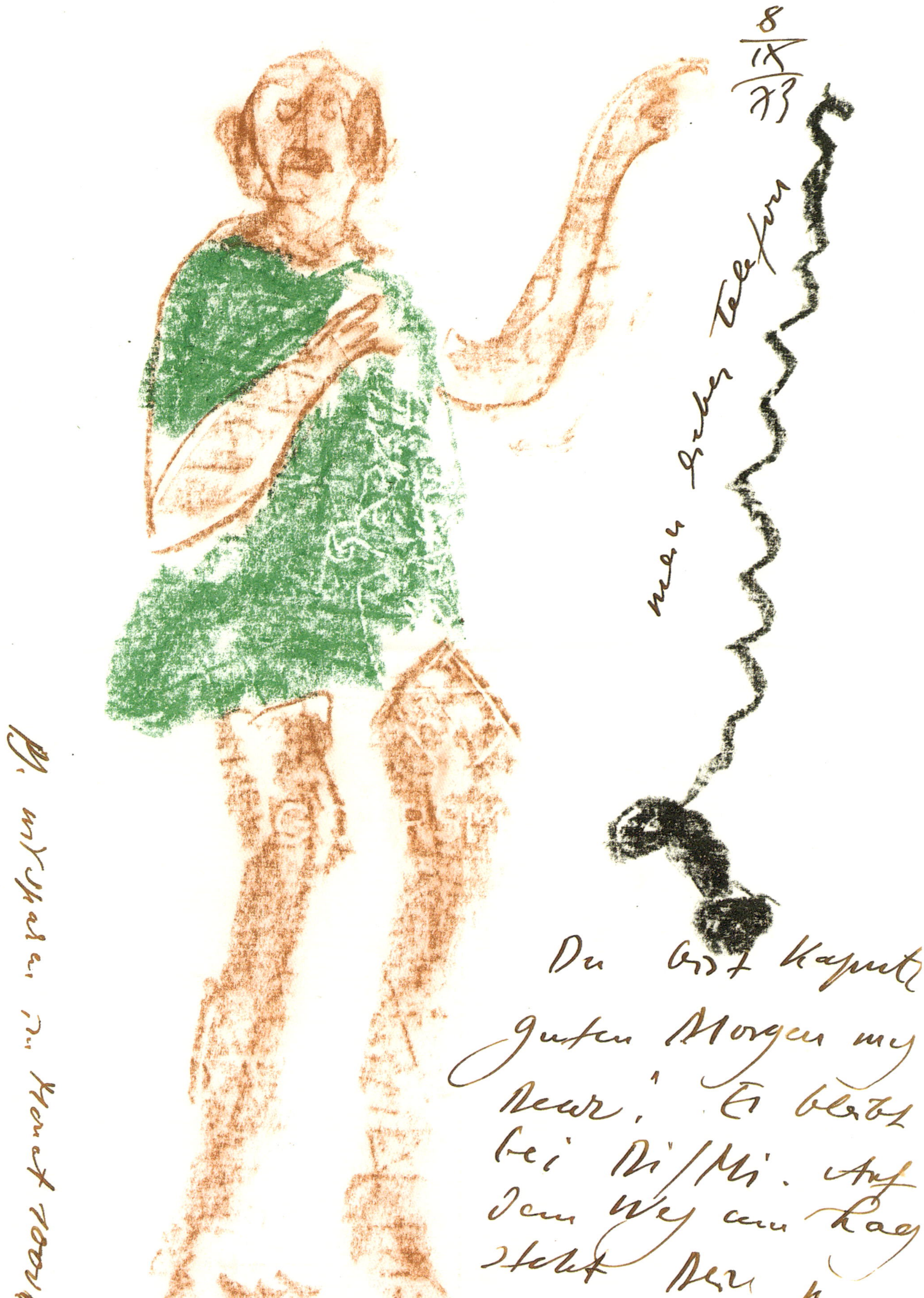

ach 7

jetzt

7
XI
73

rauche
ich
nur
Trauer

Komödie
aus ich

eine
alte
gerauchte her
wieder aufgerissen: meine
Zigaretten zu drehen

während Du

von

herzog Eugen

kaum

im Herhaus

mit

vielen

Kinderchen

von

Stgt.

...glücklich

machen ...

Mut

... ja den

Es waren nicht Sterne, sondern der Stern. Die Überraschung war, daß ich immer angenommen hatte, die monatl. Überweisung (5049418) von DM 109,80 sei meine Altersversicherung, die Ablösung der Angestelltenversicherung von K'rhe mit den Vorteilen dieser Versicherung: Anrechnung der Kriegs- und Vorkriegsjahre etc. Ich war der Meinung eine ausreichend hohe Lebensversicherung für diese Ablösung bestehe. In keinem Fall können die ersten Jahre an der Akademie deshalb nicht angerechnet worden sein, weil ich damals zu viel verdient hätte, vielmehr verdiente ich zu wenig (DM ?00 zuerst) und mußte Geld borgen, um sowohl im Gasthof als auch auf der Achalm wohnen zu können. Sollte es aus den bekannten politischen Gründen so gewesen sein, dann darf man das ruhig sagen! Bei der Versicherung wurde alles, was oben zitiert ist, untersucht und angegeben.

20 – XII – 73

Sicher ist der Freibetrag beim Finanzamt mit der Überweisung von DM 6000 für die Bausparkasse (Zahl) ausgefüllt. Ob das aber auch für eine Nachzahlung von DM 47 304,– Rente gilt, müßte geprüft werden. Dem Finanzamt gegenüber möchte ich sowieso nicht mit Stabilitätsbeiträgen undsoweiter 1974 entgegenkommen. Sollte der Volvo wichtig sein, dann gilt auch das obige.

20 – XII – 73

Die Bezahlung an Lena kann 1974 nur im Rahmen der Rente geschehen. Nachdem das Zitieren der rtlg. Millionäre den Vergleich torpediert. Für meine Freunde ist es ein wattiertes Torpedo, d. h. die Gemeinde Eningen, die uns kein Steinhaus genehmigt hat, kann ich verpflichten, ein Depot in E. für meine Holzschnitte zu unterhalten. Aber da müßten wir darüber sprechen, was die Ablösung vom 5Jahresvertrag in der Paulusstr. (Laden) uns kostet.

20 – XII – 73

Das Archiv soll einen Träger finden, das ist gut. Nachdem in Zukunft, jedenfalls 1974, das meiste in der DDR sich abspielen wird (Das Vermögen von dem Regierungsvertreter, ein Abkommen zu schaffen, ist gering), brauchen wir auch hier keinen Laden. Denn, wer dorthin fährt, nimmt gerne etwas mit, was er hier nicht bekommt. Es ist Sache des Claassen-Verlags und vielleicht der Büchergilde Gutenberg zu partizipieren. Die Zehntausende sind dort wie Rehe im Winter abzufüttern.

20 – XII – 73

1974 wird es kaum noch viel Schriftverkehr geben, es sei denn ein abrupter.
1974 bin ich nicht unmündig

Liebling,   28 – II – 1974
ganz schnell ein Morgengruß. Es ist aber noch Nacht; wäre ich eine Frau, dann nähme ich den Massai ins Bett
love   Dein   h

30
XII
74

Für Dich
ein
gutes
gesundes
Neues
Jahr
mit
Erfolg

Γ

PS. eine schönere Schlange

Margarete: 15 – VI – 1975

Liebling, bevor Du diese Karte erhältst, bin ich schon wieder in
Deinen Armen. Andere Arme sind gegenstandslos, trotz Mitsom-
mernächten und Sauna-Einladungen, die ich samt und sonders
ablehne. Mein Herz ist eine gute Ausrede. Alle sind lieb zu mir, keiner will mir was tun, Hannsmannilla hat Engelmann mich getauft und
das werd ich nicht mehr los. Es ist sehr anstrengend, wenn die
Sonne nicht untergeht, um 4 Uhr morgens sinkt man ins Bett, um 6
trommelt unser Busfahrer an die Türen, es scheint, man will uns
durch ganz Finnland kutschieren, 4 Männeken und 2 Weiblein mit
Engelmanns Frau. Überall stehen Verkehrstafeln mit einem Rentier,
doch wir sind noch keinem begegnet, und die tausend umstehen-
den Seen sind tot, vergiftet, Zellulose, Trinkwasser sei knapp, das
versteh, wer mag. Morgen sind wir Gäste bei Enzensbergers Semi-
nar in Lachti (international). Den Kuß bekommst Du schon vorher
und froh bin ich auch, wenn alles vorbei ist. Deine Margarete.

Margarete: Liebster,   [Juni 75]

keine Sorge, ich geh da nicht rein, weiß nicht, was bei mir kaputt ist:
mag die Bäuche und Hintern und das Gebaumel meiner Kollegen
nicht betrachten (ich berufe mich auf mein Herz!) und mag auch
selbst nicht betrachtet werden von taxierenden Freundesaugen, mir
ist, als prüfen sie mich für Dich! Gewiß ist alles überaus komisch-
harmonisch, Engelmann mit der langen Kirsten, Gregor-Dellin ohne
die seinige, die wohl inzwischen Dich telefonisch heimsucht, der
dicke Jupp, der dünne Friesel, die morgendliche Jagd nach dem täglich benötigten Alkohol-Quantum, die Rentiere, die sich nicht blicken
lassen, obwohl auf Schritt und Tritt angekündigt, bald ist alles vorüber … da fliegt einer nach Deutschland, dem geb ich das Briefchen
mit beiden Karten mit und Geld für Briefmarken, hoffentlich klappt
das, bevor ich heimkomm.

Noch sind es Mitsommerfarben, zarte, kräftige, weil die Maiblume
mit der Rose blüht, doch ist die Helligkeit durchtränkt von Schwer-
mut, als sei das Leben ein Nebel, auch wenn alles weit und klar und
unendlich scheint. Vielleicht deshalb. Perpetuum mobile aus Wäl-
dern, Wasser, Grünblauem Einerlei, unser Kleinbus bewegt das
Ganze sanft, sacht, Taghimmel, Nachthimmel aus entrahmter Milch,
durch die Sonne scheint, Müdigkeit unterscheidet nicht mehr, Zellu-
loseseen laden nicht zum Bade, die Trolle haben sich zurückgezo-
gen. Vielleicht sind wir hier bei den Hyperboreern, wo Apollon sich
winters erholt … einen finnisch-ugrischen Kuß von Deiner Margarete.

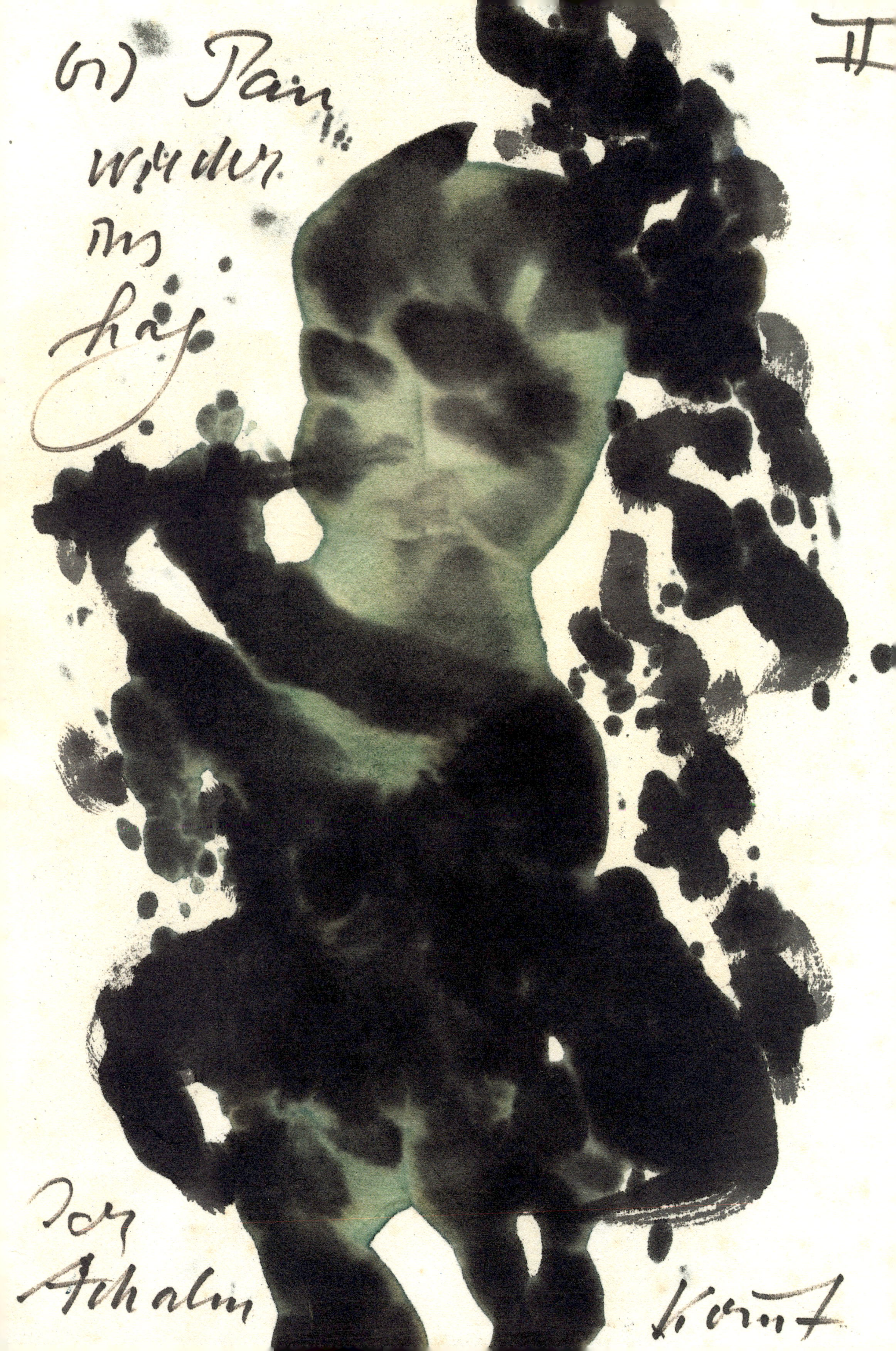
II
Pan
wieder
Achalm

Damit 7 gute Besserung
und Thomas Müntzer
im Albertinum Dresden
Gemalt mit Besen

die Männer im Feuerofen singen. Es steht in der Bibel, und ich weiß
nicht wo. Dein Gedicht, ich weiß, wo es steht. Es sind Deine Enkel,
nicht Deine Söhne!
Wie jung Du bist   Dein   Γ

Ach Liebling, wir sind beide nur dann ein gutes Paar, solange jeder
den anderen nicht umbringt. Jeder für sich ist schon zuviel und dann
drückt er noch und muß sich als Bedrücker sehen, dort, wo nur
Nachtaffen zuständig sind! Natürlich gibt es das, daß man den Partner nicht allein läßt: in den langen Samstagen und überhaupt. Aber,
wenn man ihn objektiviert, zum Objekt hat, um darüber zu schreiben, lösen die Nachtaffen sich in der Nacht auf. Neger im Tunnel,
da sieht keiner etwas!
Gedicht von Bulat Okudshawa, übertragen von Rainer Kirsch
Es ist Sonntag Nacht, die Diagnosen sind vage, ich bin Du und habe
trotzdem nicht Deine Schmerzen

21/XI/75

Margarete: liebes Γ   [Februar 1976]

es ist sehr arg, daß ich nach einem solchen Tag auch noch sowas
schreiben muß, im selben Steinbruch hockend wie an Weihnachten
und genauso von Schmerzen gekrümmt und der Schnee und der
Nebel und der ungeheure Rauhreif sind irr, einfach als wär ich wahn-
sinnig, nachdem grad vorhin noch in Bad Boll die Sonne auf Palm-
kätzchen schien, das alles kann es doch gar nicht geben bloß ein
paar Täler weiter.

Sieben Jahre lang erziehst Du mich für den Kampf und die Schlacht,
und jetzt schickst du mich allein los und weißt wie angeschlagen ich
bin und als Rüstung halt einen Brief an den Pfarrer von Folter und
Mördern und all dem Schrecklichen in Chile – dann bin ich dort, wo
Augenzeugen Stunde um Stunde bis zum nicht mehr Aushalten
davon berichten und viele Menschen plagen sich mit großem Ernst,
wie man was wo tun könnte und ich gebe bis lang nach Mitternacht,
was ich kann und muß für Neruda, Allende und alles ist Dein Werk
und bin Botschafterin für Deine Bilder und dann am nächsten Morgen, halbtot vor Magenschmerzen, noch ohne Tee, will ich dem
berichten, der mich ausgeschickt hat, und merke, wie ich in ein
schwarzes Loch hineinrede, echolos, bis auf die Frage, was los ist,
als Antwort kommt: die Hölle, die Hölle, die Hölle …

Liebes ⌐   27 – II – 1976
Du hast schön aufgeräumt. Da hüpft man leicht in die Küche und ins
Bett.
Wer abnimmt, hüpft auch leichter
love   Dein ⌐

Liebes 7

Du bist gerettet. Die
Brücke verlassen Dich
nicht. Es sind Sie 1gel
die Dich überall er-
warten. Nimms leicht
lass den 7

Lieber 7

auf der Buchmesse
ist er nur in der
Schule

selbst
beischlafVg
hört
man
das
u Kratzen
der
Feder Vg

viel ist nichts
los

es ist nicht
viel
los

Ob die Renate Feuerbach gewesen ist und denen göttern sey nahm?

212

213

auf
zum
hohen
Spog

Zur
Reise   28
nach   IX
Berlin   77
New

Lieber T.
Du musst
Dich unter
Blättern
verhüllen.
Mach Dir
nichts
draus.
Der Vater.
Er war
im
Bataillon
999
das
allein
zählt.
Bleib gesund!

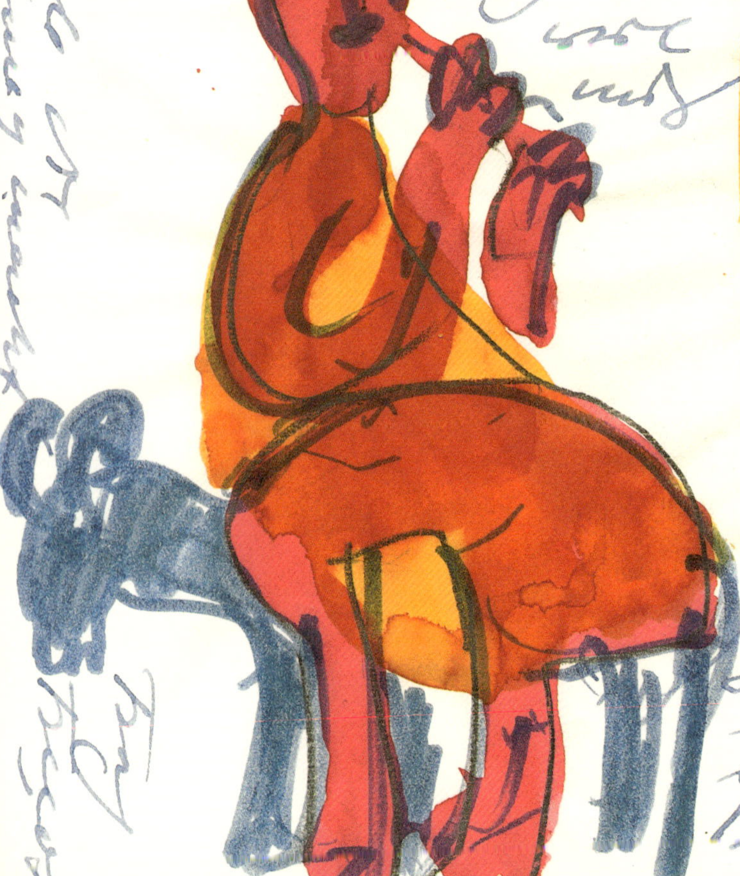

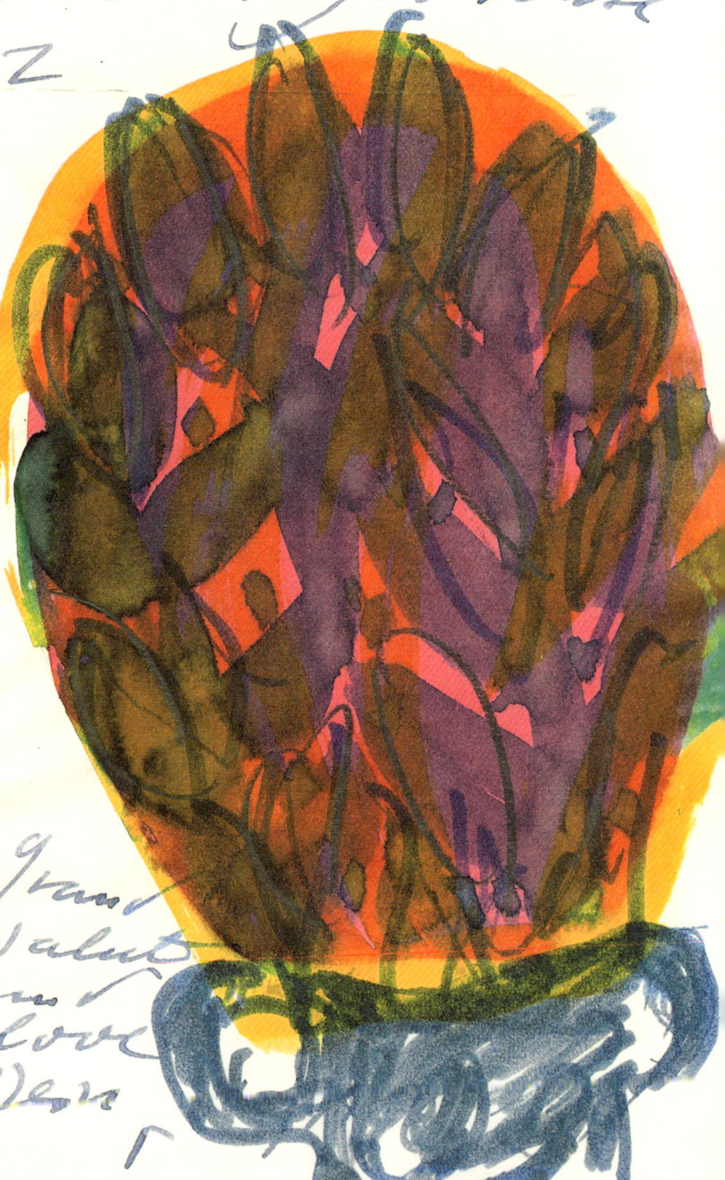

Liebling,   1 – X – 1977
laß Dich nicht aus Deinem Versmaß bringen, nicht von Kunsthisto-
rikern und Leuten, die Kunst in Schubladen hineinschüben wollen.
Sprich nicht über Bilder, sondern umarme nur die, die Deine
Gedichte lesen! Damit es Dir nicht geht wie mir
Grand salut und love   Dein Γ

PS   es gibt einen Grund, warum Ruckhaberle die Ausstellung
macht. Frag F.

Margarete: lieber Helmut,   18 – IV – 1978
              das Symposion (sie nennen's Kongreß, nichtmal das griechische
              Wort trauen sie sich zu) ist zwar international prächtig bestückt, ich
              hab auch meine Rede in Deutsch gehalten (Die Literatur der kleinen
              Länder), der griechische Kollege hatte es nicht übersetzt, die Simul-
              tan-Damen schafften es auch nicht auf Englisch, und weil mir bald
              langweilig wurde im Sprachengewirr (Isidora glänzte wie je), kaufte
              ich einen Stadtplan und laufe seither kreuz und quer mit Schulheft
              und Kuli in der Hand. Was da zu entstehen scheint, ist mir wichtiger
              als alle Referate und Diskussionen, selbst wenn ich sie verstünde.
              Mein langes Paris-Gedicht bekommt ein Schwesterchen: *Canto
              Athen*. Nur möglich, weil die Befruchtung schon durch so viele Jahre
              geht.
              Trotzdem mache ich Empfänge und Ausflüge mit. Morgen Melina
              Mercuri (mit schweren Alkoholproblemen). Wieder einmal bin ich bei
              Dir vor dieser Post,
              Deine Margarete

┐ 5 – II – 1979

bis die Toxoplasmose geht, müssen wir dem Äskulap 1000 Hähne
opfern. Den Rest bringe ich zum Geburtstag nach Seligweiler
love   Dein Γ

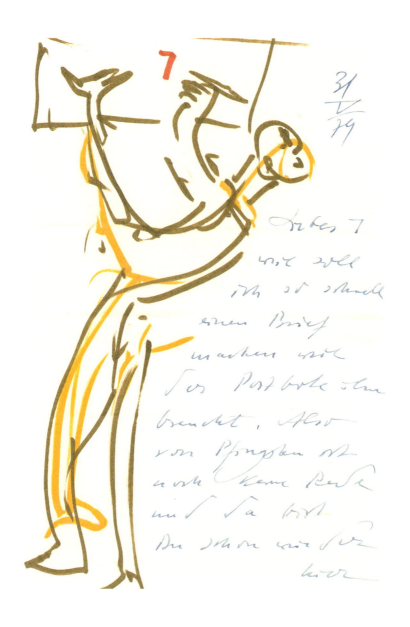

Liebes,   Sonntag   [Herbst 1979]
ganz schnell zur Post, vielleicht erreicht es Dich noch.
Lese Christa T, aber auch keine Malbriefe. Muß auch warten
der Gott ist geizig   Salute   Dein Γ

19 – X – 1979

L. M.   doch noch ein Gast, der Herbst
Gutes Wiedersehen!
h.

Frohe
Pfingsten

1
VI
79

Margarete: lieber Helmut, mir bleibt nur noch, DANKE zu schreiben für Dein Geburtstagsgeschenk. Die Israel-Reise ist ohnegleichen. Salome ist eine geduldige, liebenswerte Gefährtin. Außer einer Flasche Sand aus der Sinai-Wüste kann ich nichts mitbringen für Dich – Du weißt es. Tagebuch führen gelingt nicht, ich sitz am Steuer und alle meine Sinne sind gefordert. Deine jetzt 60jährige Margarete.

ANMERKUNGEN

22 – VIII – 1967   *Mußbildchen:* Im Hatje-Verlag erschien Grieshabers erster Mal-briefe-Band. Zur Finanzierung wurden später 50 verschiedene Aquarell-Malbriefe für eine Vorzugsausgabe verlangt. Es waren Briefe ohne Empfänger, »So-tun-Malbriefe« nannte G. sie.
Engel: Die Nr. VIII von Grieshabers Zeitschrift »Engel der Geschich-te« in der manus presse sollte Griechenland gewidmet sein und drei neue Freunde zusammenführen.

26 – VIII – 1967   *so gut Ihre Predigt* bezieht sich auf mein Langgedicht »Kretische Predigt an Deutschlands Protest-Poeten«.
alles Heu herunten: Winters, wenn die Kühe gefüttert werden müs-sen, steht einer mit einer Heugabel oben auf dem Heuboden. Der schwäbische Bauer unten schreit: S'isch gnuag Heu hunte.
wir sind Damen: alte Farbpostkarte mit zwei weiblichen Figuren.

13 – IX – 1967   *Ernst Schneidler* war Grieshabers Lehrer an der Stuttgarter Kunst-schule.

13 – IX – 1967   *Kirke:* Anfangs sagte G., die Frau sei Kirke und die Achalm Aiaia (Odysseus, 10. Gesang).

14 – IX – 1967   *mein Nürnberg:* ein Kapitel aus Hannsmanns erstem Roman »Drei Tage in C.«.

Herbst 1967   Grieshaber hatte sein Alter beklagt.
IO: Carl Orff hat Aischylos' »Der gefesselte Prometheus« auf die Achalm geschickt, G. sollte Holzschnitte zur eben komponierten Musik machen. IO, die Zeusgeliebte, von Hera verfolgt, wurde im Lauf der Monate zu einer Schlüsselfigur.
Brezeln bedeutete »Kunst am Bau«.

18 – IX – 1967   *Party:* Das Wort benützte G. nur, wenn ein Fest für die Tochter aus-gerichtet wurde.
Werkstatt von »Da Vinci Pinsel«: Ausstellungseröffnung, Galerie Defet wollte alle »Mußbildchen« zur Vorzugsausgabe zeigen, bevor sie an die Käufer verschickt wurden.

24 – X – 1967   *Kinderklinik:* Auf der Fahrt zu einem Kongreß in Freiburg sollten wir Grieshabers »Brezeln« ansehen. Für die Universitäts-Kinderklinik hat er abwaschbare, antiseptische Resopalbilder gemacht. Im Trep-penhaus des Offenburger Justizgebäudes Szenen aus dem »Sach-senspiegel«.

25 – X – 1967   *Zibetkatzen:* Felldecke auf G.s Bett.

3/4 – XI – 1967   *Blätter:* Aquarelle der Alblandschaft, für Grieshaber untypisch.
mehr Blumen: weitere Bilder dieser Art.

5 – XI – 1967   G., den »Gefesselten Prometheus« auf dem Nachttisch, im Kopf zukünftige Bilder für Orff, bat mich um Reflexionen zur Anregung.

ohne Datum   Drei Monate lag G. in der Klinik. Täglich um fünf Uhr früh fuhr ich nach Tübingen. Er wollte alles aus meiner Jugend wissen, die Doku-mente zu meinem begonnenen Roman, und was ich nicht deuten konnte. Diese Gespräche führten zwölf Jahre später zum Buch »Ein Kind wird Nazi«.

18 – I – 1968   *Odol dem Pfauen:* Auf vielen Malbriefen ist sein Pfau; vermutlich hat er mit der Flüssigkeit und den Farben experimentiert.

(ohne Datum)   *Tuaregs:* G. wollte die Bezeichnung »Kirke« nicht mehr anwenden. Auch »Aia« nicht. Entmythologisierung. Kirke wurde zu »Tuaregs«, es gibt nur den Plural, sagte er.

Ende Februar 1968	Immer wieder sollte ich Schwestern und Ärzten die Prometheus-bilder erklären. Dann wollte G. es drucken lassen.
März 1968	*am neuen Engel:* Der »Engel der Geschichte 9/68« I HAVE A DREAM sollte den Studenten gewidmet sein. Am 28. Mai sollte Grieshaber den Kulturpreis des DGB erhalten (als Nachfolger von Charly Chaplin). Eine ehemalige Kunstschülerin gratulierte mit einem sehr kritischen Brief. G. zögerte, diesen Brief in den »Engel« zu nehmen, und wünschte meine Stellungnahme.
16 – IV – 1968	*»Ulrike«:* mein Pseudonym im Roman-Manuskript.
Freitagmorgen Juni 1968	Grieshaber war zu einer Jury nach Brüssel geladen worden, ich sollte ihn hinfahren, und er wollte mir Belgien zeigen, Museen, Maler.
5 – IX – 1968 und Herbst 1968	*Antigone, Beuys, Die Wand:* Die Studenten der Nürnberger Kunst-akademie hatten zu einem Hearing gebeten, Grieshaber, Beuys, Hundertwasser. Mein Hörspiel »Die Wand« blieb übrig von dem schauderhaften Happening und »Der Engel der Geschichte X«; Anti-gone als Studenten-Engel. J. Beuys ist Professor Tod. Grieshaber Kreon I.
14 – X – 1968	*stationäre Behandlung:* Operation wegen eines jahrelang ver-schleppten Leistenbruchs. Keine Narkose wegen seiner Herz-schwäche.
2 – XII – 1968	*Jarl Krüger:* Pseudonym für Hannsmann im Roman-Manuskript.
8 – II – 1969	Soeben frisch operiert (auf Leben und Tod) aus Braunschweig zurück. Keiner begreift die Schwäche. Grieshaber mitten in den Tur-bulenzen seines 60. Geburtstages, Mißverständnisse, Empfindlich-keiten, Krisis.
3 – V – 1969	*Tod des alten Herrn:* Mein Hausbesitzer war gestorben.
9 – VI – 1969	Eifersucht auf plötzliche Probleme: Das Haus soll versteigert wer-den, Jannis regungslos, will nach Zypern, und ich geh nicht mit.
5 – IX – 1969	*le dieu corner:* Johannes schickte an Grieshaber und mich die glei-che Postkarte aus Zypern: eine Jünglingsfigur mit Stierhörnern.
26 – IV – 1970	*Ausländer:* Rose Ausländer, Lyrikerin.
25 – VII – 1970	*Kastle:* Kasten, Kästchen, das frühe schwere Uher-Gerät für Ton-aufnahmen. Aus meiner Zeit, als ich für den Rundfunk Kulturberichte und Interviews machte, wollte ich lediglich die sommerlichen Frei-lichtbühnen behalten, Laien- und Berufsschauspiele, in der irrigen Hoffnung, G. würde es Spaß machen mitzufahren.
17 – VIII – 1970	*Midasbrei:* Es war der Bananenbrei für den kleinen Affen Midas Ödipus.
31 – VIII – 1970	*blaue Mauritius:* Premiere von »Grob fein & göttlich« in der Buch-handlung Goltz am Dom in München.
9 – IX – 1970, 17 – IX – 1970, 25 – XII – 1971	*Krokodile:* spätere Bezeichnung für Hippies. Sie kamen wie Vögel auf die Achalm, saßen schweigend herum, rauchten Joints, zünde-ten Räucherstäbchen an, spielten Maultrommel, tanzten. Anfangs mochte er die sanften Verweigerer, Aussteiger aus der Wohlstands-gesellschaft, doch als die Blumenkinder zu missionieren anfingen, mit Meditation, Tantra, Hermann Hesse, Briefen wie Gebetsfahnen, ihn zu ihrem Guru stilisieren, sich nicht mehr wegschicken ließen, Geld für den Trip nach Nepal wollten, wurden sie für G. zu Krokodi-len. Flowerpower ein Kampfmittel, die Love-Generation zur Lost-Generation, 500 000 Lemminge auf der Wiese von Woodstock, er wurde den Spuk los, als er sie zu Beuys schickte.
16 – IX – 1970	*Haarspray zum Fixieren:* Grieshaber schnitt für die Altarwand der Kirche St. Germanus 36 Linolschnitt-Tafeln zur alttestamentarischen

Josefslegende, bemalte sie mit Wandtafelkreiden von Schulkindern und fragte einen befreundeten Maler nach dem besten Fixativ. »Haarspray« war die Antwort.

31 – X – 1970   *Kreuzweg:* 14 Stationen von Grieshabers »Polnischem Kreuzweg« hängen in der Kirche von Eybach.

20 – XI – 1970   *Unternehmen Waschbecken, Bonn:* Grieshaber hatte den Fuß gebrochen.

7 – XII – 1970   *Lindner:* bekannter Pop-Maler in USA, ein aus Nürnberg geflüchteter Jude.

20 – XII – 1970   *Krokodile auf der Schulter* sind Kleinkinder.

26 – III – 1971   *Dampfwalzen:* Bei Eis und Schnee kann man auch auf einer verlassenen Dampfwalze in einem Neubaugebiet Liebe machen.

13 – V – 1972   *Sir Hugh Greene:* ehemaliger Generaldirektor der BBC London. Vorsitzender des Europäisch-Atlantischen Aktionskomitees Griechenland; eröffnete die Pressekonferenz anläßlich einer Sitzung des NATO-Rates mit Georg Mangakis, G. Grass, Grieshaber.

1973   *Hoppenlauffriedhof:* Das Grab Chr. F. D. Schubarts; ich schrieb einen Gedichtzyklus »In Tyrannos – Ein Friedhofsgespräch« für die Gefangenenzeitung der Vollzugsanstalt Ludwigsburg. Auf dem Hohenasperg war Schubart eingekerkert; das ist noch heute ein Vollzugskrankenhaus.
Buchenwald: S. W. übersetzte das Langgedicht ins Englische.

28 – II – 1974   *Massai:* ein kultischer Phallos aus Holz, von der Adoptivtochter aus Afrika mitgebracht.

Juni 1975   Ich war einziges weibliches Mitglied einer Schriftsteller-Delegation nach Finnland. Fotopostkarten mit nackten Saunamädchen und Landschaften im Mitternachtslicht.

1 – X – 1977   *Ruckhaberle, Ausstellung:* Die neugestaltete Berliner Kunsthalle wurde mit einer großen Grieshaber-Retrospektive eröffnet, ich war etliche Wochen in Berlin, um die Mitarbeiter zu motivieren.

5 – II – 1979   *Toxoplasmose:* Von den Kratz- und Bißwunden der wilden Achalmkatzen hatte ich fast zwei Jahre unter den Nachwirkungen einer Toxoplasmose zu leiden.

Die banale, stereotyp vorkommende Anrede »Liebling« möchte ich begründen: »Dieses Wort haben die Menschen untereinander gebraucht, seit ich ein Kind war«, sagte Grieshaber, »doch selbst hatte ich nie Anlaß oder Gelegenheit gehabt, es zu benützen, geschweige jemals so genannt worden zu sein.« In einer Mischung aus Sehnsucht und Neid habe er gemeint, ein Geheimnis stecke darin, von dem er ausgeschlossen sei. Der Künstler und Einzelgänger bekannte sich immer wieder dazu, er wolle zum Volk gehören, an seinen Empfindungen teilhaben, was er jedoch immer nur Augenblicke lang aushielt. Die späte Anrede »Liebling«, die ich erwiderte, seit ich den Grund wußte, deckte ein breites Spektrum von Unerfülltem ab.
Das griechische Gamma, zunehmend als Grieshabers Unterschrift allein für mich eingeführt, diesen Haken, mochte ich nicht. Auch wenn er ständig neue Erklärungen erfand, was er alles bedeuten könne: der Blitz Margarete, der durch die Brust in die Erde fährt; der Gruß arabischer Schiffer; ein Galgen – und weil er die Allerweltsanrede Liebling allmählich leid wurde, erfand er für mich einen zweiten Haken, das Gegen-G, Gegenbild, die andere Hälfte, unsere glückhafte, Unglück herausfordernde Verwandtschaft.

WOLF SCHÖN
DER HOLZSCHNEIDER, DER EIN MALER WAR

In der Erinnerung wird der Holzschneider HAP Grieshaber vor allem als der urige Kauz von der Achalm bleiben. Auf diesem Ararat hoch über Reutlingen war der schwäbische Noah nach der braunen Sintflut des »Dritten Reiches« gelandet – mit wunderlichem Getier im Gefolge. Ostfriesische Schafe, ein Hängebauchschwein aus Vietnam, einen indischen Pfau, Islandponys, Siamkatzen und englische Bulldoggen, einen bissigen Affen, sanfte Perlhühner und anderes Federvieh beherbergte der Eremit in seiner legendären Einsiedelei. Die stumme Kreatur, mit der er in franziskanischer Einfalt Zwiesprache hielt, bevölkert den bukolischen Teil des Werks, hat ihm die kreatürliche Kraft des Ursprünglichen gesichert – »Die dunkle Welt der Tiere« heißt die berühmte Holzschnittfolge, in der sich barocke Lebenslust mit der Klage über die unerreichbare Fremdheit des unbeseelten Lebens vermischt.

Volkstümlich war auch der bäurische Reiter im Zottelfell, der den Sattel erklomm, um die hinter dampfenden Äckern und duftenden Wacholderfluren liegenden Stätten seiner Jugend zu erkunden. Volkstümlich war schließlich Till Eulenspiegel, der mit unzeitgemäßen Schelmenstreichen auf heilsame Weise die Ordnung der Welt durcheinanderbrachte. Listig nannte sich der Pionier gesamtdeutscher Kunst inmitten des Kalten Kriegs »Gastarbeiter in der DDR«. Den schönfärberischen Begriff, den das schlechte öffentliche Gewissen für Ausländer mit beschränkter Aufenthaltserlaubnis geprägt hatte, nahm der deutsch-deutsche Grenzgänger auf irritierend selbstverständliche Weise wörtlich: Als unangepaßter Gast aus einem satten Schlaraffenland, das sich Kunst und Künstler mit Vorliebe für erbauliche Stunden hielt, hat er für die anderen, auch geistig noch hungrigen Deutschen erfolgreich Bücher illustriert, gedruckt und verlegt – zuerst den Holzschnittzyklus »Der Totentanz von Basel«, ein hintersinniges Loblied auf den großen Gleichmacher, der den ideologischen Streit derb und deftig als Farce entlarvte. Die Fertigkeit des Druckens, die dem schnauzbärtigen Original mit den zuletzt weiß gewordenen Haarfransen die Flucht aus dem kommerziellen Kunstbetrieb ermöglichte, war von der Pieke auf erlernt. 1909 im katholischen Rot an der Rot geboren, absolvierte der 17jährige Helmut Andreas Paul im protestantisch strengen Reutlingen erst einmal eine Schriftsetzerlehre. Nach einem Kalligraphie-Studium in Sultgen unternahm er ausgedehnte Reisen nach Ägypten, Arabien und Griechenland. Der frühe »Gotiker« Grieshaber, der sein Stilgefühl an den kargen und linienreinen Einblattholzschnitten des Mittelalters geschult hatte, entdeckte im Orient die Freude am farbigen Ornament und im Geburtsland von Pan und Aphrodite die hellenische Heiterkeit.

Daß der stets mythisch gestimmte, bald zartfühlende, bald zornige Sänger von Liebe, Arbeit, Ernte und Tod nie den festen Boden unter den Füßen verlor, verdankte er der disziplinierenden Sperrigkeit seines Metiers. »Der Holzschneider mit seinem Messer«, hat der Schöpfer des »Osterritts«, der »Carmina burana« und des »Kreuzwegs« einmal gesagt, »ist wie der Bauer mit seinem Pflug und der Gärtner mit seinem Spaten vom Gesetz des Handwerks geschützt.« So plakativ schlagkräftig und unzweideutig wie Stempel die holzgeschnittenen Bekenntnisse mitunter wirkten, so waren sie doch stets das genaue Gegenteil von Propaganda und Agitation. Wenn sich der kämpferische Moralist mit Flugblättern für politisch Verfolgte, für die Menschenrechte oder die mißhandelte Natur in die Bresche warf, ließ sich der formale und gedankliche Reichtum seiner vielschichtigen Bildmetaphern nie auf eine eindimensionale Botschaft reduzieren. Die Kunst war für ihn unteilbar, das ihm zugedachte Attribut »engagiert« hat er als überflüssig, weil pleonastisch empfunden.

Obgleich die begabtesten Schüler des Karlsruher Akademieprofessors, Horst Antes und Walter Stöhrer, Maler geworden sind, hat er doch selbst nie ein einziges Ölbild gemalt. »Mein Vater«, so erinnerte sich der Verächter bürgerlicher Kunstgesinnung, die sich von den Nazis so widerstandslos mißbrauchen ließ, »hatte noch Ölbilder zwischen seine Hirschgeweihe gehängt. Im Salon stand sogar eine halbfertige Leinwand Münchner Schule auf einer Art Kunststaffelei. Das war für mich die erste und letzte Staffelei.« Dennoch prophezeite Grieshaber auf dem Sterbebett, man werde einmal sehen, daß er ein Maler war. Eine Bekehrung in letzter Minute war das nicht – eher eine Mahnung an die zunehmend in formalen Schablonen denkenden Organisatoren des Kunst- und Museumsbetriebs, die ihn ins Abseits der Graphikabteilungen stellten.

Dabei hatte er doch den monumental gemachten Holzschnitt in den Rang eines Tafelbildes erhoben. Seine schönsten Blätter sind gedruckte Malereien, im komplizierten Übereinander der Schichtungen und Lasuren voll der feinsten Zwischentöne und sensibelsten Nuancen. Die Eindeutigkeit des klassischen Holzschnitts bedeutete ihm nichts, er pfiff auf die Materialgerechtigkeit der Bauhaustradition und hielt sich, wenn er schon Vorbilder brauchte, lieber an die schwebenden Inventionen Chagalls oder an die verblüffenden Verwandlungskünste Picassos als an das graphische Erbe der Brücke-Expressionisten. »Warum spricht niemand bei mir von Originalen?«, fragt er im Brief vom 16. November 1972: »Es wird schon schief gehen.«

Nachdem Grieshaber von ihr gegangen war, gestorben am 12. Mai 1981 am kaputten, von Zigaretten und Alkohol malträtierten Herzen, stimmte Margarete Hannsmann einen Klagegesang an: »Dezembers wenn die graue See / als Leichentuch daliegt / ist meine Zeit / keinen Wind mehr erwarten / sich einnisten im Ausweglosen.« Doch war sie keine Frau an seiner Seite gewesen, am Tropf des Genius hängend beziehungsweise von den eigenen Talenten entwöhnt. Von Jugend an war sie, die auf dem Nürnberger Friedhof den Schnee von der Grabplatte mit den Initialen AD schieben sollte, inwendig voller Figur. Als die ersten Verse wie Fontänen aufgestiegen waren – 1964 in ihrem Gedichtband »Tauch in den Stein« – dankte sie Johannes Poethen, dem Gefährten des künstlerischen Aufbruchs, dafür, daß er sie das »Handwerk des Schreibens« gelehrt habe. Handwerklicher Umgang mit der Sprache bedeutete Zügelung, Zähmung des Temperaments. Als Elle für das Maßnehmen dienten die Marmorsäulen Griechenlands, das die beiden mit Auto und Zelt durchstreiften. Unverfälschtes Leben fand die Lyrikerin, auch dort, wo es versteinert war, nicht die stille Einfalt und edle Größe der Gipsantike. Ein Stil entwickelte sich in der Gegenwelt zum blutleer erfahrenen deutschen Wirtschaftswunderstaat: bildersatt berstend von Assoziationen, überquellend von Evokationen, die Horizonte aufreißen können.

Für das rebellische Element, die explosive Begeisterungsfähigkeit wurden Zündschnüre in der Kindheit gelegt. Die Heidenheimer Lehrerstochter schmökerte in jenen Büchern, die auf dem Index der braunen Volkserzieher standen. Zu Schauspielerei drängte sie die komödiantische Ader. Erste Auftritte auf Brettern, die die untergehende Welt bedeuteten: Fronttheater, danach – der Ehemann, der antifaschistische Journalist und Verleger Heinrich F. C. Hannsmann, hatte das Ende der Nachkriegsarmut nicht mehr erlebt – Maskeraden im wirklichen Leben als Lehrmittelhändlerin, Annoncenakquisiteurin und Puppenspielerin.

Die Begegnung mit dem Orient- und Griechenlandfahrer Grieshaber, der sich nach der erzwungenen Heimholung ins Reich während der inneren Emigration gleichfalls mit Handlangerdiensten durchschlagen mußte, hatte katalysatorische Wirkung. Probleme der Gegenwart brachen die mediterranen Wunschbilder auf, ohne daß die Farbsteine des zersplitternden Mosaiks an Leuchtkraft verloren. Im Kaleidoskop der Poeme wurden sie durchgeschüttelt, zu immer neuen Figurationen vereint – sie gaben Kunde von geschichtsträchtigen Landschaften, von Henkersknechten der jüngsten Historie, geistigen Leuchtfeuern und rüttelten die Wohlstandsbürger aus dem Schlaf ihres verdrängten Versagens. »Das andere Ufer vor Augen« hatte die Dichterin, als sie in der Rolle des Sancho Pansa ihren Don Quijote quer über alle Grenzen lachhafter Konvention begleitete. Was sie schaute, bleibt lebendig: »Als wären diese Tage unverwelklich reifes Licht.«

Eine Liebesgeschichte, ausgebreitet in Briefen, die halb Schrift, halb Malerei sind. Verkörpern die aus Farbe geronnenen Bilder das weibliche, die vom Intellekt gespeisten Formen der Sprache das männliche Element? Es wäre zu einfach, da der in schwungvollen Rundungen strömende Fluß der Feder die Formulierung in Kalligraphie verwandelt, die ihrerseits das Faible des Schreibers für die dekorative Schönheit arabischer Handschriften spiegelt, während oft genug der aus der Tiefe des Gefühls heraus agierende Aquarellpinsel den Kern der Aussage trifft. Die Worte aber malen, weil der Künstler nichts anderes kann als Kunst. Er unterschreibt als Kapitän, und die Angeredete dient ihm als Maat. Sie haben auf dem Argonautenschiff Segel gesetzt, die das rote Dach eines Hausbootes bilden. Man ist nach Kolchis unterwegs, des Goldenen Vlieses wegen. Vielleicht geht diesmal die Geschichte von Jason und Medea glücklich aus. Aber womöglich ist das Gefährt auf dem Wellengebirge auch eine Fähre aus einem Land der Enttäuschungen, vor Anker gegangen an den Gipfeln der Schwäbischen Alb. Igel, unangreifbar in ihrem Stachelkleid, erwarten die Gerettete, derweil der Fährmann in die Rolle Lord Nelsons schlüpft und seiner Lady Hamilton statt des Widderfells »ein schönes Gewand mit Dornen wie Brennesseln, das der Ruhm ist«, überreicht. Im Telegrammstil ziehen Sagen, Märchen und

Legenden vorüber. Dazu erzählt der Kapitän von den Athenern, die einen dramatischen Dichter bestraften, weil er ihnen eine wirklich geschehene Szene vorführte, sie also nicht durch die Schönheit, sondern durch die Wirklichkeit zu fesseln versuchte.

Bilder und Texte, die sich wechselseitig erhellen und zugleich verrätseln, gestatten keinen Schlüssellochblick. Vergessen darf die Zeile werden, mit der Fernando Pessoas Gedicht beginnt: »Alle Liebesbriefe sind lächerlich…« Keine Seelenergießungen also, deren Peinlichkeit der außenstehende Zeuge nicht entkommt. Aber eine »amour fou« war es doch, eine Verrücktheit der Herzen, vor der das Alter nicht schützt. Zwei Jahre fehlten an Grieshabers Sechzigstem, 46 Jahre war Margarete Hannsmann, als sie von Amors Pfeilen getroffen wurden. Das war 1967, eine Unzeit brach eigentlich für private Glückssuche an. Die Studentenunruhen erschütterten die Republik, der Sprengstoff des Vietnamkriegs versetzte die Straße in Aufruhr. In die deutsch-deutsche Politik kam Bewegung durch die Öffnung nach Osten. Heinrich Böll wurde als Baader-Meinhof-Sympathisant verfolgt und bekam den Nobelpreis für Literatur. Die Schriftsteller verkündeten das »Ende der Bescheidenheit«, es gab die Ölkrise, die Proteste gegen die Atomenergie, und die Umweltkatastrophe warf ihre Schatten voraus.

Der Wächter auf der Achalm, pictor politicus im Dienst einer humanen Gesellschaft, hatte alle Hände voll zu tun, trieb seinen »Engel der Geschichte« zum publizistischen Sturzflug auf die Brennpunkte der wildbewegten Zeit an und unterminierte die innerdeutsche Grenze mit seinen gemeinschaftsstiftenden Eskapaden im ideologischen Feindesland. Keine ruhige Minute während der atemlosen Siebziger, denn da gilt es, nicht zuletzt, sondern zu allererst, mit der Hartnäckigkeit von Catos ceterum censeo der griechischen Militärdiktatur die Stirn zu bieten. Und dann wird im fernen Chile Allende erschossen, der Hoffnungsträger aller friedlichen Revolution. Du lieber Gott, stöhnt der rastlos betroffene Zeitgenosse, wie lange hat ein Maler früher an einem Altar malen dürfen…

Wo endet das Öffentliche? Wo beginnt das Heimliche? Die Freundin, anderweitig gebunden und auf subtiler Jagd nach antiken Bildungserlebnissen, durchfährt ein Schock. Der Wahlverwandte im schwäbischen Hellas ist Pan höchstpersönlich, der bocksfüßige Hirtengott, der zärtlich auf seiner Flöte bläst, in der Mittagsglut die Herden mit den Ausbrüchen seiner Leidenschaft in panischen Schrecken versetzt und nach der Nymphe greift. Ein hirnfixierter Kopfarbeiter ist der Hüter der Achalm auch auf der Höhe seines Ruhms nicht geworden. Aus dem Bauch, wie es bald Mode wird, schafft er zwar nicht, aber doch mit dem Körper, pflügend wie ein Bauer im Holzstock und tanzend mit Farben in den fliegenden Händen, wenn die Fron des Handwerks abgeschüttelt ist.

Margarete, die Liebste, kaum mit in den Strudel des Zeitgeschehens gerissen, findet sich diesmal in ein real existierendes Arkadien entrückt: Urfrau, umschlungen von elementarer Manneslust, eins mit der Natur. Hier sprudeln die Quellen taumelnd machender Sinnesfreude, aus denen der Bildermacher schöpft, um seine hochfahrende Intellektualität vor der Dürre der Diskurse und Resolutionen zu bewahren. Nur muß der paradiesische Friede trügerisch bleiben, weil Adam ein Gaukler ist, ein vitaler Clown mit kräftigem Galgenhumor. Im Baum der Erkenntnis sitzt der Vogel, der sein Rad schlägt, altes Symboltier der Eitelkeit. Das Prinzip Hoffnung ist Blochs im Atelier vergessener Hut. Das erste Paar läßt der Dürerpreisträger auf wackeligen Stelzen über den Wiesengrund schreiten. Die Geliebte erwartet ein Elysium mit doppeltem Boden, und nicht immer lenkt versöhnliche Ironie ab von der Einsturzgefahr.

Einzigartig ist, daß die Mythologisierung keine Überhöhung der Wirklichkeit darstellt. Keine Allegorien sind die Bilder der Liebespaare, die sich hüllenlos hinter blühende Büsche ducken und ihre Körperformen mit Bodenwellen und Grasmulden in Einklang bringen. Keine Idealisierung des Fleisches erstrebt das mit heftigem Ungestüm grundierte Rollenspiel. Abgeschüttelt haben Prometheus, Daphne, Pan, Adam und Eva das vielfach diskreditierte Diktat des nach Vollkommenheit strebenden Geistes. Eros, kein marmorbleiches Götterversprechen, ist Wind und Wetter ausgesetzt.

Den verstörenden Zusammenfall von Utopie und Realität hat Margarete, der Liebling mit den wohlgerundeten Formen einer reifen Frucht, in ihrem lebensprallen Erinnerungsbuch »Pfauenschrei« preisgegeben, auf bald fünfhundert Seiten, die die Skizzen der Briefe in ein wogendes Sprachgemälde verwandeln. Bettgeschichten kommen darin nicht vor. Denn kein Dach gibt es über dem Kopf, wenn Danae den Goldregen empfängt. Weiß blühende Schleedornhecken sollen das Hochzeitskleid sein. Es heißt, daß Andreas sie über die Kuppe seines Bergs führte, die er Kamelrücken nannte, in die buschige Flanke, und daß er sie, als die Nacht da war, in der sanftesten Mulde ins Gras legte und sie gegen Morgen ein Gewitterguß auf die Beine trieb. Sie fanden sich in hundert Verstecken, erhitzt in der Frühjahrskälte, so wie es in dem Gedicht stand, das Nazim Hikmet geschrieben hat: Die Liebe ist ein Hemd aus Feuer. Der Entflammte bildet sich ein, die Achalm sei ein Weib, ihre Formen seien weiblich und sanfte Brüste. Nächtens auf dem einsamen Waldweg klopft ein Förster an die Scheibe des vernebelten Autos.

Es ist ein Glücksrausch wie vor dem Sündenfall und doch eine verbotene Leidenschaft. Johannes, der griechisch Yannis genannte Gefährte der dem süßen Wahn verfallenen Dichterin und dem Eroberer in Freundschaft verbunden, bleibt traurig zurück hinter der vorwärts stürmenden Passion. Hartnäckigen Widerstand leistet dagegen Frau Riccarda, die Herrin der Achalm, von der Rivalin als Kirke erkannt, als Nachfahrin der homerischen Magierin, die jene exotische Pracht aus Pflanzen und Getier herbeigezaubert hat, ohne die Odysseus weder leben noch arbeiten kann. Das Wachs reicht nicht aus, um sein Gehör vor dem lockenden Sirenengesang zu verschließen.

Böll hatte ihm gesagt, er sei ein Mann mit acht Ohren: zwei Menschenohren, zwei Eselsohren, zwei Hasenohren, zwei Pferdeohren. So ausgerüstet, horchte der gefährdete Held auf die Signale des Neubeginns. Wie für sein täglich Brot betete er für die Naivität und Unschuld des schöpferischen Erlebens. Nur durch die Fähigkeit, immer wieder einen neuen Anfang zu machen, ließ sich die Last der Vergangenheit tragen. Das war auch seine künstlerische Überlebensstrategie. So ziehen die Kamele, mit den Brandzeichen der Liebenden im rötlichen Fell, mit stoischem Optimismus der Oase entgegen. Nur so können sich die einander bergenden Liebespaare jenseits von Raum und Zeit als Sinnbilder unerschöpflicher Lebensenergie behaupten. Flüchtiges, schöner Schein wie gaukelnder Schmetterlingsflug wird von der kratzenden Kreide und dem eilig tuschenden Pinsel eingefangen. Und doch soll es etwas Beständiges sein: Paradox des Wahrheitssuchers, der weiß, daß er nicht fündig wird: »Bleiben wir bei der Kunst, sie ist wenigstens schön.«

Und immer darf auch gelacht werden. Denn das Privatissimum der gemalten Botschaften und bildgewordenen Telegramme strotzt mitunter vor Humor, auch wenn die Angebetete, eine weichhäutige Maria Stuart im Machtbereich elisabethanischer Eheraison, tränenüberströmt des Trostes bedarf oder mit Zahnweh durch ein wärmendes Zipfeltuch zu einem Hasen ausstaffiert wird. Der zum Triumph berufene Künstler, kaum befreit aus dem Gipspanzer für die zerschmetterte Schulter, naht ihr als tapsiger Riese, als Grieche in pittoresker Folkloretracht, das Komboloi vor sich her tragend wie einen heilbringenden Rosenkranz. Dann schwenkt ein ritterlicher Herold die Siegesfahne, um alsbald in Siebenmeilenstiefel zu schlüpfen, die Gullivers Land zwischen Reutlingen, Dresden und Leipzig durchmessen. Seine Ideale hält der Einzelkämpfer mit ironisch gebrochenem Pathos auf Schrifttafeln und Transparenten hoch, schon ist er wieder der flötende Pan, dem blaue Flügel wachsen, kritzelt seine Zigarettenträume aufs Papier, belauscht das Palaver der Nachtaffen, frißt in Hundsgestalt das Rasenstück Albrecht Dürers.

Der Holzschneider nimmt Urlaub von der Disziplin und offenbart, zu wieviel Zartheit der ungebärdige Wilde fähig ist. Poesie al prima gestattet sich der Meister der Form, läßt sein Herz über eine Wiese hüpfen und wirft seine Liebes-, Sehnsuchts-, Trost- und Ermunterungsbotschaften hinterdrein. Von der Adressatin, femme de lettres und nicht femme fatale, wußte er, daß sie mit ihnen lebte. Andere illustrierte Billets, zu Tausenden in uneigennütziger Freigiebigkeit an Freunde, Verleger, Sammler und Korrespondenzpartner versendet, wurden gesammelt, in Büchern veröffentlicht, ergeben zusammen ein zweites halbverborgenes Œuvre. Nur an seine Vertraute, die seine Muse wurde, schrieb der öffentliche Eremit: »Die Kunst ist nicht dazu da, um herumgereicht zu werden und ist gern allein.« Auch dieses Orakel bedarf wohl der Deutung: Kunst, die nicht in der Einsamkeit gedeiht und reift, muß in der Öffentlichkeit wirkungslos bleiben.

Zwölf Jahre umfassen Grieshabers Briefe an Margarete Hannsmann. Zusammengefügt ergeben sie ein illuminiertes Stundenbuch, Wegweiser für ein erfülltes Leben, das aufleuchtet in Beiläufigem, Alltäglichem und Kolorit gewinnt durch Aphorismen, zu denen sich dauerhafte Wahrheiten verdichten. Die Liebe, deren Geschichte durch den zu Beginn aufschäumenden, nach der Etablierung der Liaison in ruhigeren Bahnen verlaufenden Mitteilungsdrang schlaglichtartig erhellt wird, zeigt viele Gesichter: Besessenheit und Kameradschaft, Hingabe, Mitleiden in der Not und eine fruchtbare Seelenverwandschaft. Der Titel des ersten gemeinsamen Buchprojekts liefert zugleich die Stichworte für die dramatisch, idyllisch und schmerzlich durchlebte Zweisamkeit hoch auf den Wogen der wilden siebziger Jahre: Grob, Fein & Göttlich.

Die Deutsche Bibliothek – CIP-Einheitsaufnahme

Grieshaber, HAP:
Malbriefe an Margarete / HAP Grieshaber.
Mit einem Vorw. von Margarete Hannsmann und
einem Nachw. von Wolf Schön. –
Stuttgart : Deutsche Verlags-Anstalt, 1996
ISBN 3-421-03103-7
NE: Hannsmann, Margarete [Adressat]
Vw: Grieshaber, Helmut Andreas Paul [Wirkl. Name]
→ Grieshaber, HAP

© 1996 Deutsche Verlags-Anstalt GmbH, Stuttgart
Alle Rechte vorbehalten
Lektorat: Renate Jostmann
Typografische Gestaltung: Ottmar Frick, Reutlingen
Umschlagentwurf: Brigitte und Hans Peter Willberg, Eppstein
Satz: Steffen Hahn GmbH, Kornwestheim
Reproduktionen: Meyle + Müller, Pforzheim
Druck: Bosch-Druck, Landshut
Bindearbeit: Buchbinderei Monheim, Monheim
Printed in Germany
ISBN 3-421-03103-7

GEFÖRDERT
VON DER

KulturStiftung der Länder